Excel과 Python을 이용한 경영과학 기초와 실무

박창목 지음

- 선형계획법의 기본원리와 분야별 예제 설명
- 최적화모델을 구현하기 위한 엑셀 모델링 및 해찾기 기능 설명
- Python 기초 문법과 최적화 실무 프로그래밍 예제 수록
- 네트워크 모형 사용방법과 구현예제 제시
- 유전자 알고리즘을 이용한 스케줄링 문제 구현방법 수록

황소걸음
아카데미
Slow & Steady

Excel과 Python을 이용한 경영과학 기초와 실무

펴낸날 | 2023년 2월 17일 초판 1쇄
지은이 | 박창목
만들어 펴낸이 | 정우진 강진영
디자인 | 김재석(carp518@hanmail.net)
펴낸곳 | 서울시 마포구 토정로 222 한국출판콘텐츠센터 420호
편집부 | (02) 3272-8863
영업부 | (02) 3272-8865
팩　스 | (02) 717-7725
홈페이지 | www.bullsbook.co.kr
이메일 | bullsbook@hanmail.net
등　록 | 제22-243호(2000년 9월 18일)

황소걸음
아카데미
Slow & Steady

ISBN 979-11-86821-82-2 93320

머리말

경영과학은 다양한 기업의 설계와 운영 문제를 수학적 모형을 활용하여 최적의 답을 찾는 학문이며 경영 및 산업공학 관련 학과에서 오랫동안 필수 전공과목으로 운영되고 있다. 특히 최적화 분야는 생산 및 물류 분야에 활발하게 응용되고 있다.

경영과학 방법론을 활용하기 위해서는 컴퓨터 소프트웨어를 사용해야 하는데. 교육현장에서 가장 많이 사용하는 방법은 엑셀의 해찾기 기능이다. 그러나 해찾기 기능은 모델을 이해하는 교육 용도로는 적합하지만 실제 현장에서 대규모 문제를 해결하기 위해서는 어려움이 많다. 최근 Python 언어와 다양한 공개도구들이 활용되면서 일반인들도 대규모 문제를 컴퓨터로 풀 수 있는 길이 열렸다. Python 개발도구를 활용하면 실제 기업의 문제를 해결하는 프로그래밍이 가능하고 실제 현업 시스템에서도 활용가능하다.

본 책은 경영과학 모델의 기초적인 내용과 실무 분야별 응용 방법을 제공하고 있다. 먼저 최적화의 기본이라고 할 수 있는 선형계획법 모델링 방법의 원리를 설명하고, 컴퓨터로 구현하기 위한 엑셀모델링, Python 프로그래밍 방법을 쉽게 기술하였다. 또한 실제 다양한 실무 분야별 예제와 구현방법을 소개하고 있다. 교재 후반부에서는 물류문제에 적합한 네트워크모형과 스케줄링 문제에 많이 활용되고 있는 유전자 알고리즘의 활용방법도 소개하고 있다.

본 책이 경영과학 모델링과 응용을 배우려는 독자들에게 조금이라도 도움이 되었으면 한다. 또한 출간에 도움을 주신 황소걸음아카데미 임직원분들께 감사의 말씀을 전한다. 마지막으로 집필 활동을 응원해준 사랑하는 아내와 아들 진우에게도 고마움을 전하고 싶다.

2023년 2월

박창목

차례

1

선형계획법 이론

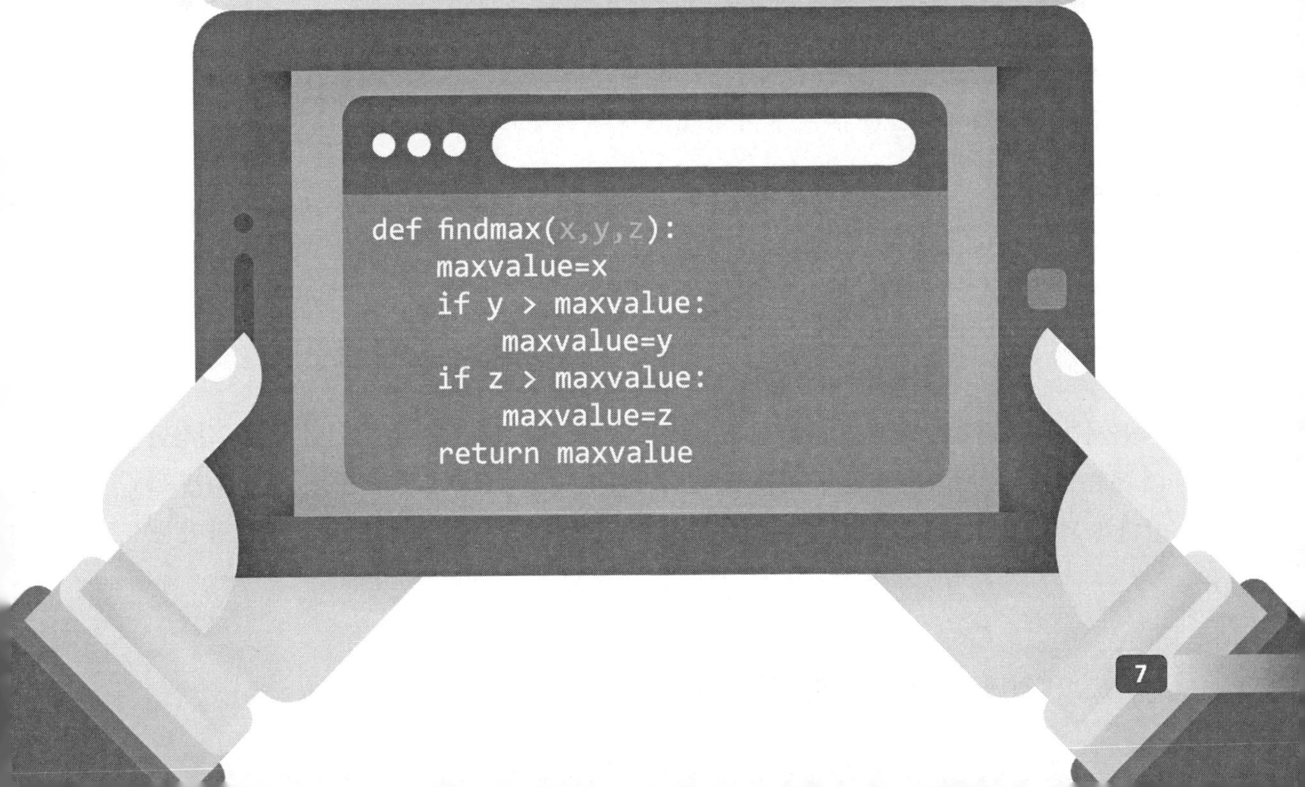

def findmax(x,y,z):
maxvalue=x
if y > maxvalue:
maxvalue=y
if z > maxvalue:
maxvalue=z
return maxvalue

1.1 수학적 모형

최근 수학 및 컴퓨터를 활용한 경영 분석 기법이 많은 주목을 받고 있다. 빅데이터 및 인공지능이 이러한 흐름에 큰 공헌을 하였다고 할 수 있다. 오래전부터 경영최적화는 경영과학의 한 분야로서 실제 현업에서 많이 활용되고 있었으며, 경영학과 및 산업공학관련 학과에서 필수 전공과목으로 운영되고 있다. 경영최적화는 기업 시스템의 설계와 운영 과정에서 발생하는 비용 및 이익의 문제를 수학적으로 모형화하고 체계적으로 분석 하여 최적의 해를 찾는 기법을 말한다. 여기서 시스템이란 "공동의 목표를 달성하기 위해 유기적으로 작용하는 구성요소들의 모임 또는 조직체"로 정의할 수 있으면 기업 시스템의 예로서 생산공장, 창고 및 수송회사, 대규모 공항, 선박건조나 플랜트 사업장, 투자회사, 병원 등이 있다.

우리가 기업의 문제를 다루기 위해서는 적절한 수학적 모형을 사용해야 하는데. 이러한 작업을 수학적 모델링(Mathematical Modeling)이라고 한다. A, B라는 2가지 부품을 이용하여 공장에서 제품을 만든다고 가정해보자. 제품 x는 부품A 4개와 부품B 2개를 사용하고 y제품은 부품A 2개와 부품B 6개를 사용한다. 제품 x 하나를 생산하면 500원 이익이 있고, 제품 y 하나를 생산하면 400원 이익이 있다고 한다. 현재 부품재고가 A 30개, B 40개가 남았다면 최대 이익을 위해서는 x, y 각각 몇 개를 만들어야 할까? 이러한 문제는 아래와 같이 변수, 상수, 수학적 관계식으로 정리할 수 있다.

❶ 결정변수(Decision variable)를 결정한다.
x제품 생산량을 x라 하고, y제품 생산량을 y라고 하자.

❷ 문제에서 주어진 상수값(Constant)을 정리한다.
제품을 만드는 데 필요한 부품 개수, 이익, 현재 부품 재고량

❸ 수학적 관계식(Mathematical equation)을 만들어 본다.
총이익 $= 500x + 400y$
사용된 부품A 수량 $= 4x + 2y \leq 30$
사용된 부품B 수량 $= 2x + 6y \leq 40$

위 문제는 결과적으로 $500x + 400y$를 최대화하도록 x, y를 결정하는 문제이며 x, y를 결정할 때 부품수량식을 만족해야 한다. 예를 들어 x를 6개 만들고 y를 5개 만들면 부품A가 34개 필요하게 되어 $4x + 2y \leq 30$ 식을 만족할 수 없기 때문에 논리적으로 맞지 않는 생산량이 된

다. 만약 x를 6개 만들면 y는 최대 3개까지 생산가능하다. 이렇게 수학적인 형태로 문제를 표현하게 되면 우리는 쉽게 문제의 특성을 파악할 수 있고, 풀이방법에 대한 아이디어를 얻을 수 있다.

1.2 선형계획법 정의

기업의 문제를 수학적 모형으로 표현했다고 해서 쉽게 답을 구할 수 있는 것은 아니다. 그러나 수학관계식이 모두 선형식으로 정의된다면 효율적인 방법으로 빠르게 해를 구할 수 있다. 이렇게 수학관계식이 모두 선형식으로 표현되고 풀이방법이 잘 정의된 모델을 선형계획법(Linear Programming)이라 한다. 선형(Linear, 직선의 식)은 모형의 틀을 나타내며 계획법(Programming)은 풀이방법을 의미한다. 여기서 수학관계식이 선형이라는 의미는 변수 관계가 비례 혹은 반비례 관계가 있음을 나타낸다. 앞에서 설명한 x, y 제품 생산문제에서 생산량 x, y가 증가하면 총이익도 증가함으로 변수와 이익은 비례관계가 존재한다. 마찬가지로 생산량이 증가하면 부품사용량도 증가하기 때문에 부품사용량 또한 x, y와 비례관계가 있다. 좀 더 구체적으로 아래 표에서 보는 바와 같이 선형계획법에서 수학 관계식은 목적식, 제약식, 비음조건 이렇게 3가지로 나누어진다.

수학적 모형	선형계획법 모형
변수(결정할 내용)	변수(결정할 내용)
상수(주어진 숫자)	상수(주어진 숫자)
수학적 관계식	목적식: 선형식으로 표현된 이익최대화, 비용최소화
	제약식: 선형식으로 표현된 수요만족, 자원의한계
	비음조건: 변수는 0보다 같거나 크다 (현실문제는 음수가 없음)

앞에서 언급한 x, y제품 생산문제는 아래와 같은 선형계획법 모형으로 표현될 수 있다.

1. 변수

   x 생산량, y 생산량

2 목적식

이익 최대화 = $500x + 400y$

3 제약식

$4x + 2y \leq 30$ (부품A 사용량)

$2x + 6y \leq 40$ (부품B 사용량)

4 비음조건

$x, y \geq 0$

이렇게 목적식과 제약식을 선형식으로 표현한 것이 어떤 의미를 가지고 있는지 생각해 보자. x, y 생산문제에서 $4x + 2y \leq 30$라는 제약식을 생각해 보자. $4x + 2y = 30$이라는 직선의 식을 그려보면 제약식이 표현하는 x, y는 직선 아래쪽에 존재하는 x, y 지점을 의미한다는 것을 알 수 있다. 즉 아래 그림의 회색영역을 의미한다.

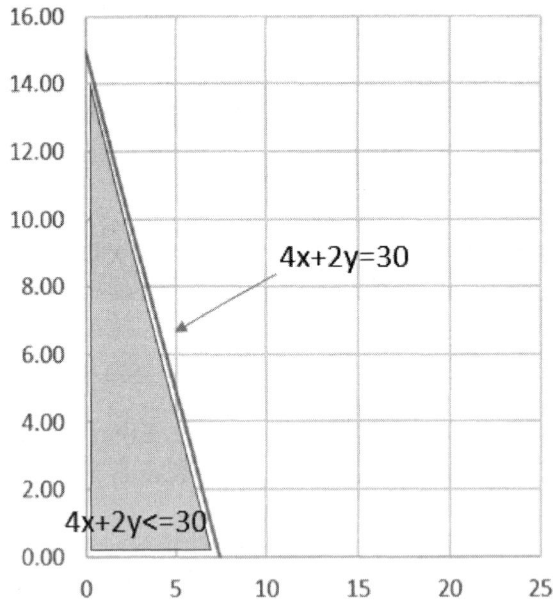

또한 위 그림에 $2x + 6y \leq 40$ 제약식을 추가하면 최종적으로 x, y를 정할 수 있는 영역은 아래와 같은 회색영역이 되며 이러한 영역을 해영역(solution space)라고 한다.

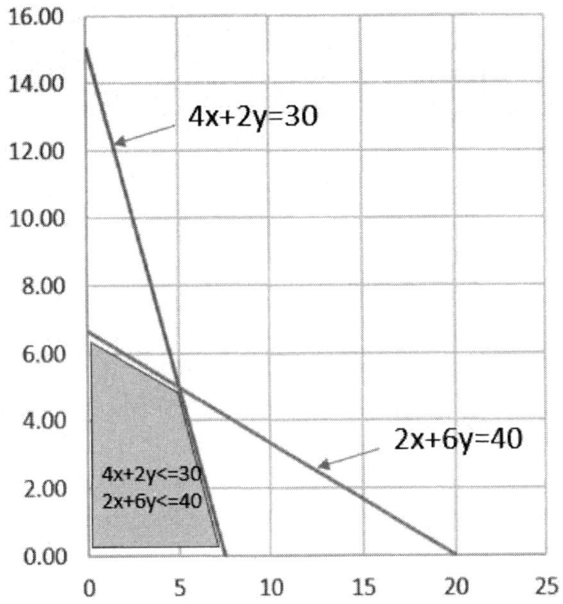

결과적으로 선형계획법이란 해영역에서 $500x + 400y$로 계산되는 이익을 최대화하도록 x, y를 결정하는 문제라고 정의할 수 있다.

1.3 최대화/최소화 문제

1) 최대화 문제

기업운영문제는 대부분 한정된 자원을 이용하여 이익을 최대화하거나 비용을 최소화하는 최적화 문제가 많다. 여기서 자원은 부품, 원료, 시간, 인력 등을 말한다. 공작기계를 생산하는 회사의 생산계획 문제를 살펴보자. 회사는 밀링 제품을 생산하고 있다. 설비별 최대 작업시간과 각 제품의 단위당 생산을 위해 요구되는 각 작업시간은 아래 표와 같다.

설비	작업가능시간
조립	240
용접	200
도색	100

설비	필요 작업시간	
	선반	밀링
조립	8	3
용접	4	4
도색	4	0

밀링은 기존 재고가 있기 때문에 생산량을 40이하로 하려고 한다. 각 제품의 판매이익은 각각 30만원, 20만원이다. 이익을 최대화하는 제품별 주간 생산량을 결정하기 위하여 선형계획법 모형은 아래와 같다.

1 변수

선반생산량(x), 밀링생산량(y)

2 목적식

판매이익(최대화) $= 30x + 20y$

3 제약식

$8x + 3y \leq 240$ (조립설비 사용시간 제한)

$4x + 4y \leq 200$ (용접설비 사용시간 제한)

$4x \leq 100$ (도색설비 사용시간 제한)

$y \leq 40$ (밀링 생산량 제한)

4 비음조건

$x, y \geq 0$

2) 최소화 문제

이번에는 비용 최소화 문제를 한번 생각해 보자. 간편식품을 생산하여 판매하는 업체에서는 한끼 영양소가 포함되도록 식단을 구성해야 한다. 사용가능한 원료는 총 5가지이며, 요구량으로는 탄수화물 2.4g, 단백질 0.38g이다. 원료별 탄수화물과 단백질 포함량과 가격이 아래 표와 같이 조사되었다. 어떻게 간편식품을 구성하면 최소비용으로 최소 요구량의 영양소를 섭취할 수 있도록 간편식품을 제조할 수 있겠는가?

영양소 \ 원료	보리	현미	멥쌀	검정콩	호두	최소요구량
탄수화물	0.06	0.05	0.08	0.01	0.002	2.4
단백질	0.001	0.03	0.05	0.01	0.02	0.38
식품가격(원/g)	38	40	60	50	22	

위 문제의 선형계획법 모형은 아래와 같다.

1 변수

각 원료별 혼합량: x_1, x_2, x_3, x_4, x_5

2 목적식

총원료비용(최소화) = $38x_1 + 40x_2 + 60x_3 + 50x_4 + 22x_5$

3 제약식

탄수화물 최소요구량 만족 $0.06x_1 + 0.05x_2 + 0.08x_3 + 0.01x_4 + 0.002x_5 \geq 2.4$

단백질 최소요구량 만족 $0.001x_1 + 0.03x_2 + 0.05x_3 + 0.01x_4 + 0.02x_5 \geq 0.38$

4 비음조건

$x_1, x_2, x_3, x_4, x_5 \geq 0$

1.4 심플렉스법

선형계획법으로 모델링된 문제를 풀기 위해서는 심플렉스법이라는 알고리즘을 사용한다. 심플렉스법의 원리를 살펴보자. 앞에서 언급한 x, y 생산문제 모형에서 제약식과 $500x + 400y = z$라는 이익 z를 고려하면 아래와 같은 3차원 공간상에서 x, y, z 값의 변화를 파악할 수 있다.

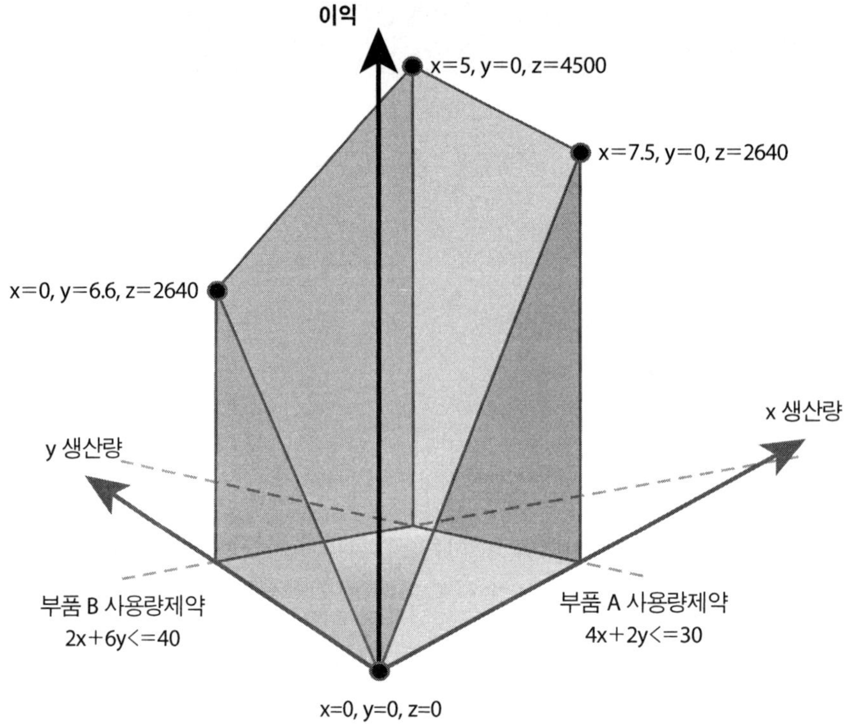

선형계획법 모델은 직선에 의해서 정의되기 때문에 변수 x, y와 목적값 z 변수로 표현되는 해 공간은 위 그림과 같이 다이아몬드 형태의 산 모양이 된다. z를 최대화하는 문제는 최초 원점에서 산꼭대기까지 가장 빠른 길을 찾아 탐색하는 문제로 정의할 수 있다. 여기서 탐색이란 z를 증가시키도록 x, y를 조금씩 변형시키는 것을 말하는데 만일 x, y를 변경시켜도 z가 증가하지 않고 감소한다면 그 곳이 최적해(그림에서 산꼭대기)가 된다. 그리고 위 그림을 잘 보면 최적해는 꼭지점에 존재하는데, x, y를 변경해 가면서 꼭지점만 탐색해도 최적해에 도달할 수 있음을 알 수 있다. 즉 시작점에서 각 꼭지점을 이동하면서 해를 평가하여 더 이상 이동할 곳이 없으면 그곳이 최적해가 된다.

여기서 이동의 의미는 2가지를 포함한다.

- 이동방향 → 어떤 변수를 선택할 것인가?
- 이동량 → 선택된 변수를 얼마큼 증가시킬 것인가?

변수 선택의 기준에서는 단위당 이익이 가장 많이 나는 변수를 선택하면 되고, 변수의 증가량은 자원을 기준으로 현재 남은 자원을 다 소비하는 개수 중 작은 수량을 선택하면 된다. 예를 들어 최초 원점에서 x, y 중 x를 생산하면 이익이 500원이 발생하므로 x를 먼저 생산하게 된다. 그런데 부품A를 봤을 때 총 7.5개 (30/4)생산가능하고, 부품B를 봤을 때 총 20개(40/2) 생산가능하다. 현실적으로 20개는 생산 불가능하기 때문에서 결과적으로 7.5만큼 생산하는 것이 가능하다. 이러한 원리로 꼭지점을 기준으로 x, y를 증가시키면서 최적해를 빠르게 찾을 수 있은 알고리즘을 심플렉스법(Simplex method)이라고 한다.

1) 최대화 문제의 심플렉스법

준비과정	풀이절차
1. 문제를 선형계획법으로 모델링 한다. 2. 제약식을 모두 등식으로 만들어 준다. → 최대화 문제의 제약식은 일반적으로 [식 ≤ 상수] 형태의 제약이므로 [식 + 여유변수 = 상수] 형태로 정리함 3. 목적식, 제약식을 모두 표준형으로 정리한다. → 표준형: 선형식(좌변) = 상수(우변) 형태를 말함. 목적식, 제약식을 모두 동일한 형태로 써준다. (동일한 변수를 사용) 4. 표준형 식들을 테이블로 표현한다.	1. 변수를 선택한다.(테이블에서 열 선택) → 목적식의 계수 중 절대값이 큰 음수를 가진 변수를 선택한다. 음수가 없으면 알고리즘 종료. 6번으로 간다. 2. 제약식을 선택한다.(테이블에서 행 선택) → 비율검사(우변상수/제약식계수)를 해서 가장 작은 것을 선택한다. 3. 선택된 피봇요소의 계수를 1 로 만든다. → 피봇요소의 계수로 나누어줌 4. 피봇요소의 동일 열에 있는 계수들을 0으로 만들어 준다. → 계수에서 n*피봇요소계수를 더하거나 빼서 계수를 0으로 만들어 줌 5. 1번으로 돌아간다. 6. 목적식에서 계수가 양수인 변수를 0으로 설정하고 식을 정리하면 목적값, 변수값이 구해짐

아래 문제를 심플렉스법으로 풀어보자.

1 변수

x 생산량, y 생산량

2 목적식

이익 최대화 $= 500x + 400y$

3 제약식

$4x + 2y \le 30$ (부품A 사용량)

$2x + 6y \le 40$ (부품B 사용량)

④ 비음조건

$x, y \geq 0$

✹ [준비과정]

❶ 여유변수를 삽입하여 목적식과 제약식을 등식으로 표현한다. R_1은 첫 번째 제약식을 위한 여유변수이고, R_2는 두 번째 제약식을 위한 여유변수이다.

$500X + 400Y = Z$

$4X + 2Y + R_1 = 30$

$2X + 6Y + R_2 = 40$

❷ 식을 표준형으로 정리한다.

$Z - 500X - 400Y + 0R_1 + 0R_2 = 0$

$0Z + 4X + 2Y + R_1 + 0R_2 = 30$

$0Z + 2X + 6Y + 0R_1 + R_2 = 40$

❸ 표준형 식을 아래와 같이 표로 정리하고 풀이를 진행한다. *RHS*는 우변상수를 의미한다.

변수	*Z*	*X*	*Y*	R_1	R_2	*RHS*	비율 검사
목적식 계수	1	−500	−400	0	0	0	
제약식1 계수	0	4	2	1	0	30	
제약식2 계수	0	2	6	0	1	40	

✹ [풀이과정]

❶ 목적식 계수 중 절대값이 가장 큰 음수는 −500이므로 변수 *X*를 선택하고 제약식의 *RHS*를 *X*의 계수로 나누어 주어 비율 검사를 한다. 제약식1이 가장 작으므로 계수 4를 피봇요소로 선택한다.

변수	Z	X	Y	R_1	R_2	RHS	비율검사
목적식 계수	1	−500	−400	0	0	0	
제약식1 계수	0	4	2	1	0	30	7.5
제약식2 계수	0	2	6	0	1	40	20

❷ 피봇요소의 계수를 1로 만들어 주기 위해 제약식1을 4로 나누어 준다.

변수	Z	X	Y	R_1	R_2	RHS	비율검사
목적식 계수	1	−500	−400	0	0	0	
제약식1 계수	0	1	0.5	0.25	0	7.5	
제약식2 계수	0	2	6	0	1	40	

❸ X변수 열에 있는 다른 계수를 모두 0으로 만들어 주기 위해 아래와 같은 식을 이용한다.

목적식 = 목적식 + 500*제약식1

제약식2 = 제약식2 − 2*제약식1

변수	Z	X	Y	R_1	R_2	RHS	비율검사
목적식 계수	1	0	−150	125	0	3750	
제약식1 계수	0	1	0.5	0.25	0	7.5	
제약식2 계수	0	0	5	− 0.5	1	25	

❹ 다시 피봇요소를 선택한다. 음수 중 절대값이 가장 큰 변수는 변수 Y이고, 비율검사를 하면 제약식2가 선택된다. 결과적으로 계수 5를 피봇요소로 정한다.

변수	Z	X	Y	R_1	R_2	RHS	비율검사
목적식 계수	1	0	−150	125	0	3750	
제약식1 계수	0	1	0.5	0.25	0	7.5	15
제약식2 계수	0	0	5	−0.5	1	25	5

5 피봇요소를 1로 만들어 주기 위하여 아래와 같이 제약식2를 5로 나누어 준다.

변수	Z	X	Y	R_1	R_2	RHS	비율 검사
목적식 계수	1	0	−150	125	0	3750	
제약식1 계수	0	1	0.5	0.25	0	7.5	
제약식2 계수	0	0	1	−0.1	0.2	5	

6 Y변수 열에 있는 다른 계수를 모두 0으로 만들어 주기 위해 아래와 같은 식을 이용한다.

목적식 = 목적식 + 150*제약식2

제약식1 = 제약식1 − 0.5*제약식1

변수	Z	X	Y	R_1	R_2	RHS	비율 검사
목적식 계수	1	0	0	110	30	4500	
제약식1 계수	0	1	0	0.3	−0.1	5	
제약식2 계수	0	0	1	−0.1	0.2	5	

7 목적식에 더 이상 음수가 없으므로 현재 상태가 최적해이다. 아래 표에서 R_1과 R_2계수를 0이라고 놓고 식을 정리하면 아래와 같은 해가 구해진다.

변수	Z	X	Y	R_1	R_2	RHS	비율 검사
목적식 계수	1	0	0	110	30	4500	
제약식1 계수	0	1	0	0.3	−0.1	5	
제약식2 계수	0	0	1	−0.1	0.2	5	

$Z = 4500$

$X = 5$

$Y = 5$

또 다른 최대화 문제를 심플렉스법으로 풀어보자.

1 변수

선반기계생산량(x_1), 밀링기계생산량(x_2)

2 목적식

판매이익(최대화) = $30x_1 + 20x_2$

3 제약식

$8x_1 + 3x_2 \leq 240$ (조립설비 사용시간 제한)

$4x_1 + 4x_2 \leq 200$ (용접설비 사용시간 제한)

$4x_1 \leq 100$ (도색설비 사용시간 제한)

$x_2 \leq 40$ (생산량 제한)

4 비음조건

$x_1, x_2 \geq 0$

✵ [준비과정]

1 여유변수를 삽입하여 목적식과 제약식을 등식으로 표현한다.

$30X_1 = 20X_2 = Z$

$8X_1 + 3X_2 + R_1 = 240$

$4X_1 + 4X_2 + R_2 = 200$

$4X_1 + R_3 = 100$

$X_2 + R_4 = 40$

2 아래식과 같이 표준형으로 정리한다.

$Z - 30X_1 - 20X_2 + 0R_1 + 0R_2 + 0R_3 + 0R_4 = 0$

$0Z + 8X_1 + 3X_2 + R_1 + 0R_2 + 0R_3 + 0R_4 = 240$

$0Z + 4X_1 + 4X_2 + 0R_1 + R_2 + 0R_3 + 0R_4 = 200$

$0Z + 4X_1 + 0X_2 + 0R_1 + 0R_2 + R_3 + 0R_4 = 100$

$0Z + 0X_1 + X_2 + 0R_1 + 0R_2 + 0R_3 + R_4 = 40$

❸ 표준형 식을 아래와 같이 표로 정리하고 풀이를 진행한다.

변수	Z	X_1	X_2	R_1	R_2	R_3	R_4	RHS	비율 검사
목적식 계수	1	−30	−20	0	0	0	0	0	
제약식1 계수	0	8	3	1	0	0	0	240	
제약식2 계수	0	4	4	0	1	0	0	200	
제약식3 계수	0	4	0	0	0	1	0	100	
제약식4 계수	0	0	1	0	0	0	1	40	

✷ [풀이과정]

❶ 목적식 계수 중 절대값이 가장 큰 음수는 −30이므로 변수 X_1를 선택하고 제약식의 RHS를 X의 계수로 나누어 주어 비율 검사를 한다. 제약식3이 가장 작으므로 계수 4를 피봇요소로 선택한다.

변수	Z	X_1	X_2	R_1	R_2	R_3	R_4	RHS	비율 검사
목적식 계수	1	−30	−20	0	0	0	0	0	
제약식1 계수	0	8	3	1	0	0	0	240	30
제약식2 계수	0	4	4	0	1	0	0	200	50
제약식3 계수	0	4	0	0	0	1	0	100	25
제약식4 계수	0	0	1	0	0	0	1	40	

2 피봇요소의 계수를 1로 만들어 주기 위해 제약식3을 4로 나누어 준다.

변수	Z	X_1	X_2	R_1	R_2	R_3	R_4	RHS	비율 검사
목적식 계수	1	−30	−20	0	0	0	0	0	
제약식1 계수	0	8	3	1	0	0	0	240	
제약식2 계수	0	4	4	0	1	0	0	200	
제약식3 계수	0	1	0	0	0	0.25	0	25	
제약식4 계수	0	0	1	0	0	0	1	40	

3 X_1변수 열에 있는 다른 계수를 모두 0으로 만들어 주기 위해 아래와 같은 식을 이용한다.

목적식 = 목적식 + 30*제약식3

제약식1 = 제약식1 − 8*제약식3

제약식2 = 제약식2 − 4*제약식3

제약식3 = 제약식3

변수	Z	X_1	X_2	R_1	R_2	R_3	R_4	RHS	비율 검사
목적식 계수	1	0	−20	0	0	7.5	0	750	
제약식1 계수	0	0	3	1	0	−2	0	40	
제약식2 계수	0	0	4	0	1	−1	0	100	
제약식3 계수	0	1	0	0	0	0.25	0	25	
제약식4 계수	0	0	1	0	0	0	1	40	

4 다시 피봇요소를 선택한다. 음수 중 절대값이 가장 큰 변수는 변수 X_2이고, 비율검사를 하면 제약식1이 선택된다. 결과적으로 계수 3를 피봇요소로 정한다.

변수	Z	X_1	X_2	R_1	R_2	R_3	R_4	RHS	비율 검사
목적식 계수	1	0	−20	0	0	7.5	0	750	
제약식1 계수	0	0	3	1	0	−2	0	40	13.3
제약식2 계수	0	0	4	0	1	−1	0	100	25
제약식3 계수	0	1	0	0	0	0.25	0	25	
제약식4 계수	0	0	1	0	0	0	1	40	40

5 피봇요소를 1로 만들어 주기 위하여 아래와 같이 제약식1을 3으로 나누어 준다.

변수	Z	X_1	X_2	R_1	R_2	R_3	R_4	RHS	비율 검사
목적식 계수	1	0	−20	0	0	7.5	0	750	
제약식1 계수	0	0	1	0.33	0	−0.67	0	13.3	
제약식2 계수	0	0	4	0	1	−1	0	100	
제약식3 계수	0	1	0	0	0	0.25	0	25	
제약식4 계수	0	0	1	0	0	0	1	40	

6 X_2변수 열에 있는 다른 계수를 모두 0으로 만들어 주기 위해 아래와 같은 식을 이용한다.

목적식 = 목적식 + 20*제약식1

제약식2 = 제약식2 − 4*제약식3

제약식3 = 제약식3

제약식4 = 제약식4 − 제약식3

변수	Z	X_1	X_2	R_1	R_2	R_3	R_4	RHS	비율검사
목적식 계수	1	0	0	6.67	0	−5.83	0	1016.7	
제약식1 계수	0	0	1	0.33	0	−0.67	0	13.3	
제약식2 계수	0	0	0	−1.33	1	1.67	0	46.7	
제약식3 계수	0	1	0	0	0	0.25	0	25	
제약식4 계수	0	0	0	−0.33	0	0.67	1	26.7	

7 다시 피봇요소를 선택한다. 음수 중 절대값이 가장 큰 변수는 변수 R_3이고, 비율검사를 하면 제약식2가 선택된다. 결과적으로 계수 1.67을 피봇요소로 정한다. 비율검사에서 제약식1은 음수이므로 고려하지 않는다.

변수	Z	X_1	X_2	R_1	R_2	R_3	R4	RHS	비율검사
목적식 계수	1	0	0	6.67	0	−5.83	0	1016.7	
제약식1 계수	0	0	1	0.33	0	−0.67	0	13.3	
제약식2 계수	0	0	0	−1.33	1	1.67	0	46.7	28
제약식3 계수	0	1	0	0	0	0.25	0	25	100
제약식4 계수	0	0	0	−0.33	0	0.67	1	26.7	40

8 피봇요소를 1로 만들기 위해 제약식2를 1.67으로 나누어 준다.

변수	Z	X_1	X_2	R_1	R_2	R_3	R_4	RHS	비율 검사
목적식 계수	1	0	0	6.67	0	−5.83	0	1016.7	
제약식1 계수	0	0	1	0.33	0	−0.67	0	13.3	
제약식2 계수	0	0	0	−0.8	0.6	1	0	28	
제약식3 계수	0	1	0	0	0	0.25	0	25	
제약식4 계수	0	0	0	−0.33	0	0.67	1	26.7	

9 R_3변수 열의 나머지 계수를 0으로 만들어 준다. 아래와 같은 식을 이용한다.

목적식 = 목적식 + 5.83*제약식2

제약식1 = 제약식1 + 0.67*제약식2

제약식2 = 제약식2

제약식3 = 제약식3 − 0.25*제약식2

제약식4 = 제약식4 − 0.67*제약식2

변수	Z	X_1	X_2	R_1	R_2	R_3	R_4	RHS	비율 검사
목적식 계수	1	0	0	2	3.5	0	0	1180	
제약식1 계수	0	0	1	−0.2	0.4	0	0	32	
제약식2 계수	0	0	0	0.8	0.6	1	0	28	
제약식3 계수	0	1	0	0.2	−0.15	0	0	18	
제약식4 계수	0	0	0	0.2	−0.4	0	1	8	

10 목적식에 더 이상 음수가 없으므로 현재 상태가 최적해이다. 아래 표에서 R_1, R_2, R_3, R_4계수를 0이라고 놓고 식을 정리하면 아래와 같은 해가 구해진다.

$Z = 1180$

$X_2 = 32$

$X_1 = 18$

2) 최소화 문제의 심플렉스법

준비과정	풀이절차
1. 문제를 선형계획법으로 모델링 한다. 2. 목적식에 −1을 곱하고 결과식을 P로 둔다. 3. 이제 P를 최대화하게 되면 원래 문제는 목적값이 −P가 되므로 최소화된 목적값을 구할 수 있게 된다. 4. 목적식, 제약식을 표준형으로 정리한다. 표준형: 선형식(좌변) = 상수(우변) 형태 최소화 문제는 일반적으로 [식 >= 상수] 형태의 제약이므로 식 − 잉여변수 = 상수 형태로 정리함 5. 각 제약식에 가상변수를 삽입하고, 목적식에는 제약식 개수만큼 큰수*가상변수를 삽입한다. 6. 테이블로 표현한다. 7. 목적식의 가상변수 계수를 0으로 만든다. (목적식 − 큰수*제약식계수 − 큰수*제약식계수)	1. 변수를 선택한다.(테이블에서 열 선택) 목적식의 계수 중 제일 큰 음수를 가진 변수를 선택한다. 음수가 없으면 알고리즘 종료. 6번으로 간다. 2. 제약식을 선택한다.(테이블에서 행 선택) 비율검사(우변상수/제약식계수)를 해서 가장 작은 것을 선택한다. 3. 선택된 피봇요소의 계수를 1 로 만든다. 피봇요소의 계수로 나누어줌 4. 피봇요소의 동일 열에 있는 계수들을 0으로 만들어준다. → 계수에서 n*피봇요소계수를 더하거나 빼서 계수를 0으로 만들어 줌 5. 1번으로 돌아간다. 6. 목적식에서 계수가 양수인 변수를 0으로 설정하고 식을 정리하면 목적값, 변수값이 구해진다.

아래 최소화 문제를 심플렉스법으로 풀어보자.

[1] 변수

x_1 원료1 혼합량, x_2 원료2 혼합량

[2] 목적식

비용 최소화 $= 27x_1 + 22x_2$

[3] 제약식

$x_1 + 2x_2 \geq 50$ (성분A 최소 포함량)

$3x_1 + 2x_2 \geq 60$ (성분B 최소 포함량)

4 비음조건

$x_1, x_2 \geq 0$

✵ [준비과정]

1 목적식에 -1을 곱하고, 최대화 문제로 변환한다. 아래 식처럼 Z를 최소화하는 문제를 P를 최대화하는 문제로 변환한다.

$27X_1 + 22X_2 = Z$

$-27X_1 - 22X_2 = -Z$

$-Z$는 P라 하면

$-27X_1 - 22X_2 = P$

2 제약식에 잉여변수를 삽입하여 등식으로 변경한다.

$X_1 + 2X_2 - S_1 = 50$

$3X_1 + 2X_2 - S_2 = 60$

3 제약식마다 가상변수를 삽입하고, 목적식에는 큰음수*가상변수를 삽입한다.

$-27X_1 - 22X_2 - 100A_1 - 100A_2 = P$

$X_1 + 2X_2 - S_1 + A_1 = 50$

$3X_1 + 2X_2 - S_2 + A_2 = 60$

4 표준형으로 정리한다.

$P + 27X_1 + 22X_2 + 100A_1 + 100A_2 + 0S_1 + 0S_2 = 0$

$0P + X_1 + 2X_2 + A_1 + 0A_2 - S_1 + 0S_2 = 50$

$0P + 3X_1 + 2X_2 + 0A_1 + A_2 + 0S_1 - S_2 = 60$

5 목적식에 모든 제약식을 이용하여 큰수*제약식을 빼준다.

즉 새로운 목적식 = 목적식 − 100*제약식1 − 100*제약식2

$P - 373X_1 - 378X_2 + 0A_1 + 0A_2 + 100S_1 + 100S_2 = -11000$

$0P + X_1 + 2X_2 + A_1 + 0A_2 - S_1 + 0S_2 = 50$

$0P + 3X_1 + 2X_2 + 0A_1 + A_2 + 0S_1 - S_2 = 60$

❻ 최소화 문제가 최대화 문제로 변경되었다.

❼ 위 식을 아래와 같이 표로 정리하고 풀이를 진행한다.

변수	P	X_1	X_2	A_1	A_2	S_1	S_2	RHS	비율 검사
목적식 계수	1	−373	−378	0	0	100	100	−11000	
제약식1 계수	0	1	2	1	0	−1	0	50	
제약식2 계수	0	3	2	0	1	0	−1	60	

✷ [풀이과정]

❶ 목적식 계수 중 절대값이 가장 큰 음수는 −378이므로 변수 X_2를 선택하고 제약식의 RHS를 X_2의 계수로 나누어 주어 비율 검사를 한다. 제약식1이 가장 작으므로 계수 2를 피봇요소로 선택한다.

변수	P	X_1	X_2	A_1	A_2	S_1	S_2	RHS	비율 검사
목적식 계수	1	−373	−378	0	0	100	100	−11000	
제약식1 계수	0	1	2	1	0	−1	0	50	25
제약식2 계수	0	3	2	0	1	0	−1	60	30

❷ 피봇요소의 계수를 1로 만들어 주기 위해 제약식1을 2로 나누어 준다.

변수	P	X_1	X_2	A_1	A_2	S_1	S_2	RHS	비율검사
목적식 계수	1	−373	−378	0	0	100	100	−11000	
제약식1 계수	0	0.5	1	0.5	0	−0.5	0	25	
제약식2 계수	0	3	2	0	1	0	−1	60	

❸ X_2변수 열에 있는 다른 계수를 모두 0으로 만들어 주기 위해 아래와 같은 식을 이용한다.

목적식 = 목적식 + 378*제약식1

제약식2 = 제약식2 − 2*제약식1

변수	P	X_1	X_2	A_1	A_2	S_1	S_2	RHS	비율검사
목적식 계수	1	−184	0	189	0	−89	100	−1550	
제약식1 계수	0	0.5	1	0.5	0	−0.5	0	25	
제약식2 계수	0	2	0	−1	1	1	−1	10	

❹ 다시 피봇요소를 선택한다. 음수 중 절대값이 가장 큰 변수는 변수 X_1이고, 비율검사를 하면 제약식2가 선택된다. 결과적으로 계수 2를 피봇요소로 정한다.

변수	P	X_1	X_2	A_1	A_2	S_1	S_2	RHS	비율검사
목적식 계수	1	−184	0	189	0	−89	100	−1550	
제약식1 계수	0	0.5	1	0.5	0	−0.5	0	25	50
제약식2 계수	0	2	0	−1	1	1	−1	10	5

❺ 피봇요소를 1로 만들어 주기 위하여 아래와 같이 제약식2을 2으로 나누어 준다.

변수	P	X_1	X_2	A_1	A_2	S_1	S_2	RHS	비율 검사
목적식 계수	1	−184	0	189	0	−89	100	−1550	
제약식1 계수	0	0.5	1	0.5	0	−0.5	0	25	
제약식2 계수	0	1	0	−0.5	0.5	0.5	−0.5	5	

❻ X_1변수 열에 있는 다른 계수를 모두 0으로 만들어 주기 위해 아래와 같은 식을 이용한다.

목적식 = 목적식 + 184*제약식1

제약식1 = 제약식1 − 0.5*제약식2

변수	P	X_1	X_2	A_1	A_2	S_1	S_2	RHS	비율 검사
목적식 계수	1	0	0	97	92	3	8	−630	
제약식1 계수	0	0	1	0.75	−0.25	−0.75	0.25	22.5	
제약식2 계수	0	1	0	−0.5	0.5	0.5	−0.5	5	

❼ 목적식에 더 이상 음수가 없으므로 현재 상태가 최적해이다. 아래 표에서 A_1, A_2, S_1, S_2계수를 0이라고 놓고 식을 정리하면 아래와 같은 해가 구해진다.

변수	P	X_1	X_2	A_1	A_2	S_1	S_2	RHS	비율 검사
목적식 계수	1	0	0	97	92	3	8	−630	
제약식1 계수	0	0	1	0.75	−0.25	−0.75	0.25	22.5	
제약식2 계수	0	1	0	−0.5	0.5	0.5	−0.5	5	

$P = -630 \rightarrow$ 원래 목적값 $Z = 630$

$X_2 = 22.5$

$X_1 = 5$

1.5 정수제약과 분지한계법

심플렉스법은 실수해를 만들어 내지만 실제 적용하기 어렵기 때문에 정수로 변환해야 한다. 예를 들어 생산계획에서 제약회사의 월 비타민 생산 개수가 1,000,000.3개가 나온 경우 정수로 변환하여 1,000,000개 생산해도 별 문제가 되지 않는다. 왜냐하면 알약 1개가 전체 비용에 그리 큰 변화를 만들지 않기 때문이다. 그런데 조선회사의 생산계획을 만들었는데 특수선생산 100.5대, 컨테이너선 200.4대로 나온 경우 반올림하여 특수선 101대, 컨테이너선 200대를 생산하게 되면 괜찮을까? 이러한 선박을 만드는 비용은 수백억 비용이 발생하고, 최적해를 임으로 변경하면 최적해는 최악의 해가 될 수 있다. 그러므로 우리는 정수 최적해를 구할 수 있는 방법이 필요하다. 이러한 것을 혼합정수계획법(MIP, Mixed Integer Programming)이라고 한다.

MIP모델에서는 기존 심플렉스법처럼 꼭지점만 찾아서는 정수해를 찾을 수 없다. 그래서 정수해를 탐색하는 방법을 써야 한다. 분지한계법 (Branch and Bound Method)은 심플렉스법과 탐색전략을 이용해서 비교적 빠르게 정수해를 찾는 방법을 제공한다.

○ 분지한계법의 원리

▸ 탐색영역을 분리한 후 정수해를 발견할 때까지 심플렉스법으로 반복적으로 푼다.

▸ 아래와 같은 원리를 이용하여 불필요한 탐색영역은 제외한다.

▸ 정수제약을 고려하게 되면 해영역이 좁아지게 되므로 좀 덜 만족스러운 해를 구하게 된다. 즉 최대화 문제에서 최적 정수해는 최적 실수해보다 목적값이 작게 되고, 최소화 문제에서 최적 정수해는 최적 실수해보다 목적식이 크게 된다.

1) 최대화문제의 분지한계법

1 원문제를 심플렉스법으로 푼다.

2 실수해가 나오면 임의의 변수를 두 개의 영역으로 분할하여 가지를 만든다.

3 각 가지의 선형계획법 문제를 풀고, 정수해가 나오면 더 이상 탐색을 중지하고 현재 정수해를 LB(Lower Bound)로 설정한다. 실수해가 나오면 지금까지 나온 정수해(Lower Bound)와 비교하여 더 탐색을 할 것인지 혹은 정지할 것인지 결정한다.

> ※ 최대화 문제에서 목적값이 큰 해를 구해야 한다. 우리는 영역 탐색 중에 아래 상황을 만나게 된다.
>
> 상황1: 처음 정수해를 찾으면 그 정수해는 최초 LB가 된다.
>
> 상황2: 정수해 A를 이전에 찾았고 탐색 중에 다른 정수해 B를 찾았다고 가정해 보자. 목적값을 보았을 때 B가 A보다 크다면 B는 새로운 LB가 된다. 반대로 기존 A가 B보다 목적값이 크다면 정수해 B는 버린다.
>
> 상황3: 정수해 A를 이전에 찾았고 탐색 중에 실수해를 하나 찾았다. 그런데 목적값이 A보다 작다면 그 쪽 영역에서 정수해를 찾는 노력을 할 필요가 없다. 왜냐하면 그 쪽 영역에서 정수해를 찾더라도 현재 정수해보다 목적값이 작은 해를 찾게 되기 때문이다.

4 모든 실수해에 대하여 위 **2**, **3** 과정을 계층적 가지치기로 탐색하여 나간다.

5 모든 가지의 탐색이 끝나고 더 이상 탐색할 가지가 없으면, 분지한계법을 중지하고 현재까지 나온 LB가 최적해이다.

아래와 같은 최대화 문제를 풀기 위한 분지한계법을 생각해 보자.

$$\text{Max } z = 4.5x + 5.5y$$
$$420x + 454y \leq 2000$$
$$234x + 414y \leq 1530$$

실수해를 가정하고 위 문제를 심플렉스법으로 풀면 노드 0에서 보는 바와 같이 $x = 2.98$, $y = 1.65$, 목적값 $= 22.48$가 나온다. 아래와 같이 탐색을 수행하면서 심플렉스법을 반복해서 풀면 총 3개의 정수해를 찾을 수 있게 된다. 이중 가장 목적값이 큰 $x = 2$, $y = 2$, 목적값 $= 20$ 이 최적 정수해가 된다.

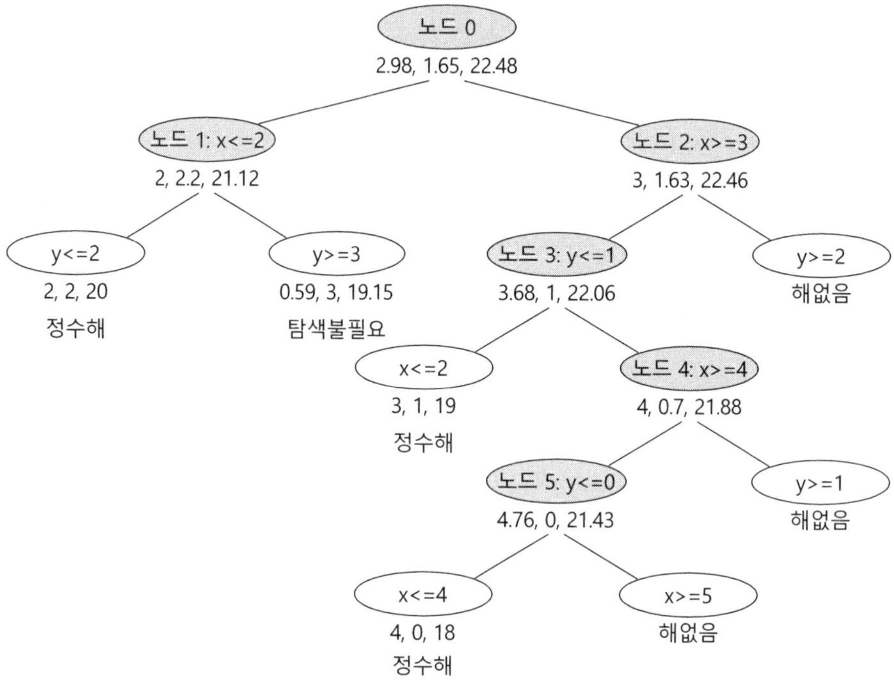

위 분지한계법 풀이절차를 다음과 같이 요약할 수 있다.

노드 0	원문제를 심플렉스법으로 푼 경우, $x = 2.98$, $y = 1.65$, 목적값 22.48이 나왔다. $x <= 2$, 와 $x >= 3$ 제약을 추가하여 두 개의 문제로 나눈다.
노드 1	노드 0에서 $x <= 2$ 제약을 추가하여 문제를 푼 경우 $x = 2, y = 2.2$, 목적값 21.12가 나왔다. 아래와 같은 제약을 추가하여 두 개의 문제로 나누어 푼다. ▪ $y <= 2$ 제약: $x = 2, y = 2$, 목적값 20이 나왔다. 정수해가 나왔으므로 임시 저장해 둔다. ▪ $y >= 3$ 제약: $x = 0.59, y = 3$, 목적값 19.15가 나왔다. 추가 탐색을 하면 목적값은 19.15보다 작은 해가 나올 것이다. 현재 정수해는 20이므로 추가 탐색은 의미가 없다.
노드 2	노드 0에서 $x >= 3$ 제약을 추가하여 문제를 푼 경우 $x = 3, y = 1.63$, 목적값 22.46이 나왔다. 아래와 같은 제약을 추가하여 두 개의 문제로 나누어 푼다. ▪ $y <= 1$ 제약: $x = 3.68, y = 1$, 목적값 22.06이 나왔다. 추가 탐색을 진행한다. ▪ $y >= 2$ 제약: 가능한 해가 없다.

노드 3	노드 2에서 $y <= 1$ 제약을 추가하여 문제를 푼 경우 $x = 3.68$, $y = 1$, 목적값 22.06이 나왔다. 아래와 같은 제약을 추가하여 두 개의 문제로 나누어 푼다. ▪ $x <= 3$ 제약: $x = 3$, $y = 1$, 목적값 19가 나왔다. 정수해가 나왔지만 현재 정수해보다 목적값이 작기 때문에 최적해는 아니다. ▪ $x >= 4$ 제약: $x = 4$, $y = 0.7$, 목적값 21.88이 나왔다. 추가 탐색을 진행한다.
노드 4	노드 3에서 $x >= 4$ 제약을 추가하여 문제를 푼 경우 $x = 4$, $y = 0.7$, 목적값 21.88이 나왔다. 아래와 같은 제약을 추가하여 두 개의 문제로 나누어 푼다. ▪ $y <= 0$ 제약: $x = 4.76$, $y = 0$, 목적값 21.43이 나왔다. 추가 탐색을 진행한다. ▪ $y >= 1$ 제약: 가능한 해가 없다.
노드 5	노드 4에서 $y <= 0$ 제약을 추가하여 문제를 푼 경우 $x = 4.76$, $y = 0$, 목적값 21.43이 나왔다. 아래와 같은 제약을 추가하여 두 개의 문제로 나누어 푼다. ▪ $x <= 4$ 제약: $x = 4$, $y = 0$, 목적값 18이 나왔다. 정수해가 나왔지만 최적해는 아니다. ▪ $x >= 5$ 제약: 가능한 해가 없다.

2) 최소화문제의 분지한계법

아래와 같은 최소화 문제를 풀기 위한 분지한계법을 생각해 보자.

$$\text{Min } z = 568x + 765y$$
$$22x + 14y \geq 234$$
$$15x + 21y \geq 300$$

분지한계법으로 탐색하게 되면 결과적으로 $x = 6$, $y = 10$, 목적값 = 11058인 최적 정수해를 찾을 수 있게 된다.

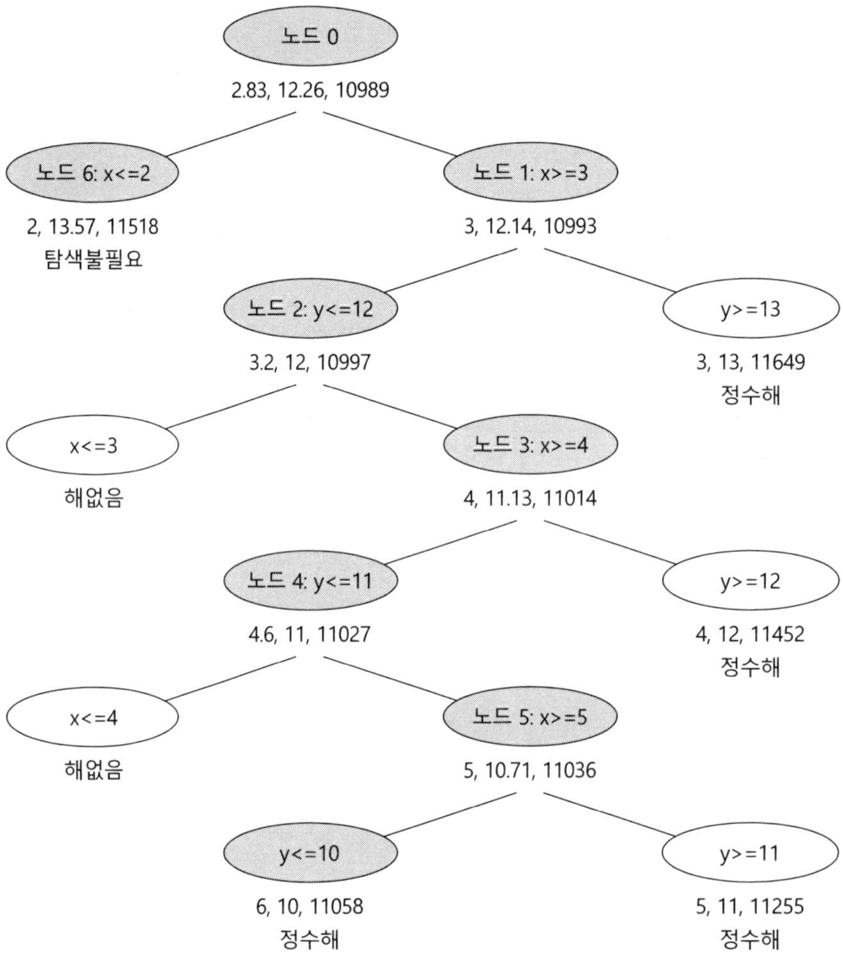

위 분지한계법 풀이절차를 다음과 같이 요약할 수 있다.

<table>
<tr>
<td>노드 0</td>
<td>원 문제를 푼 경우 $x = 2.83, y = 12.26$ 목적값 10989가 나왔다. 아래와 같은 제약을 추가하여 두 개의 문제로 나누어 푼다.

▪ $x <= 2$ 제약: $x = 2, y = 13.57$, 목적값 11518이 나왔다.
▪ $x >= 3$ 제약: $x = 3, y = 12.14$, 목적값 10993이 나왔다. 위 문제 11518보다 목적값이 작으므로 여기서부터 탐색을 시작한다.</td>
</tr>
</table>

노드 1	노드 0에서 $x >= 3$ 제약을 추가하여 문제를 푼 경우 $x = 3$, $y = 12.14$, 목적값 10993이 나왔다. 아래와 같은 제약을 추가하여 두 개의 문제로 나누어 푼다. ▪ $y <= 12$ 제약: $x = 3.2$ $y = 12$, 목적값 10997이 나왔다. 추가 탐색을 진행한다. ▪ $y >= 13$ 제약: $x = 3$ $y = 13$, 목적값 11649가 나왔다. 정수해가 나왔으므로 임시 저장한다.
노드 2	노드 1에서 $y <= 12$ 제약을 추가하여 문제를 푼 경우 $x = 3.2$, $y = 12$, 목적값 10997이 나왔다. 아래와 같은 제약을 추가하여 두 개의 문제로 나누어 푼다. ▪ $x <= 3$ 제약: 가능한 해가 없음 ▪ $x >= 4$ 제약 : $x = 4$, $y = 11.43$, 목적값 11014가 나왔다. 추가 탐색을 진행한다.
노드 3	노드 2에서 $x >= 4$ 제약을 추가하여 문제를 푼 경우 $x = 4$, $y = 11.43$, 목적값 11014가 나왔다. 아래와 같은 제약을 추가하여 두 개의 문제로 나누어 푼다. ▪ $y <= 11$ 제약: $x = 4.6$, $y = 11$, 목적값 11027이 나왔다. 추가 탐색을 진행한다. ▪ $y >= 12$ 제약: $x = 4$, $y = 12$, 목적값 11452가 나왔다. 정수해가 나왔고 현재까지 최적해로 임시 저장한다. (노드 1에서 나온 정수해보다 작다)
노드 4	노드 3에서 $y <= 11$ 제약을 추가하여 문제를 푼 경우 $x = 4.6$, $y = 11$, 목적값 11027이 나왔다. 아래와 같은 제약을 추가하여 두 개의 문제로 나누어 푼다. ▪ $x <= 4$ 제약: 가능한 해 없음 ▪ $x >= 5$ 제약: $x = 5$, $y = 10.71$, 목적값 11036이 나왔다. 추가 탐색 진행
노드 5	노드 4에서 $x >= 5$ 제약을 추가하여 문제를 푼 경우 $x = 5$, $y = 10.71$, 목적값 11036이 나왔다, 아래와 같은 제약을 추가하여 두 개의 문제로 나누어 푼다. ▪ $y <= 10$ 제약: $x = 6$, $y = 10$, 목적값 11058이 나왔다. 정수해가 나왔고 현재까지 최적해로 임시 저장한다. (노드 3에서 나온 정수해보다 작다) ▪ $y >= 11$ 제약: $x = 5$, $y = 11$ 목적값 11255가 나왔다. 정수해가 나왔지만 최적해는 아니다.
노드 6	노드 0에서 $x <= 2$ 제약을 추가하여 문제를 푼 경우 $x = 2$, $y = 13.57$, 목적값 11518이 나왔다. 추가 탐색을 진행해도 앞에서 구한 목적값 11058보다 작은 해를 찾을 수 없으므로 추가 탐색이 불필요하다.

2

엑셀을 이용한 선형계획법 풀이

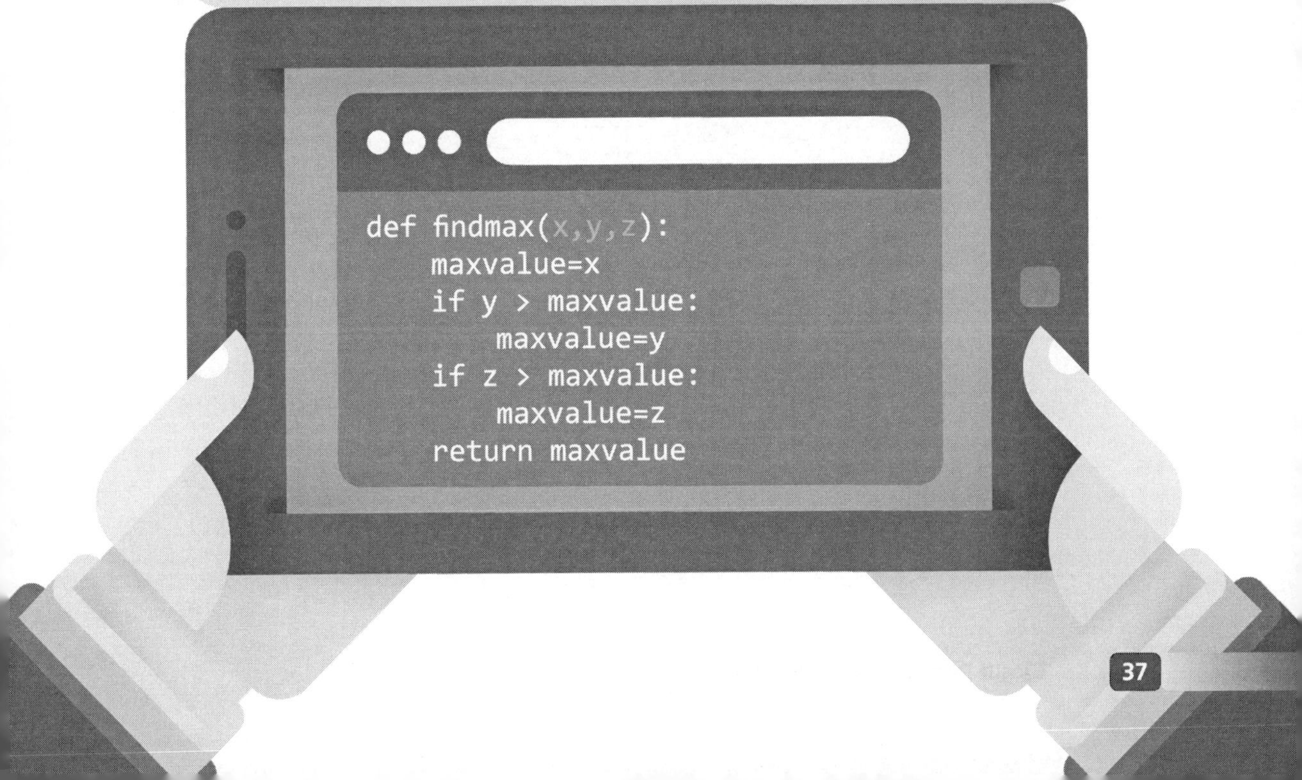

2.1 개요

선형계획법 모델을 엑셀로 표현하고 해찾기 기능을 사용하면 컴퓨터를 이용하여 해를 구할 수 있다. 해찾기 기능은 엑셀해서 추가기능 설정을 해주어야 메뉴에서 확인 가능하다. 아래 그림과 같이 옵션 > 추가기능 > 해찾기 추가 기능 을 선택하고 아래 이동 버튼을 누른다.

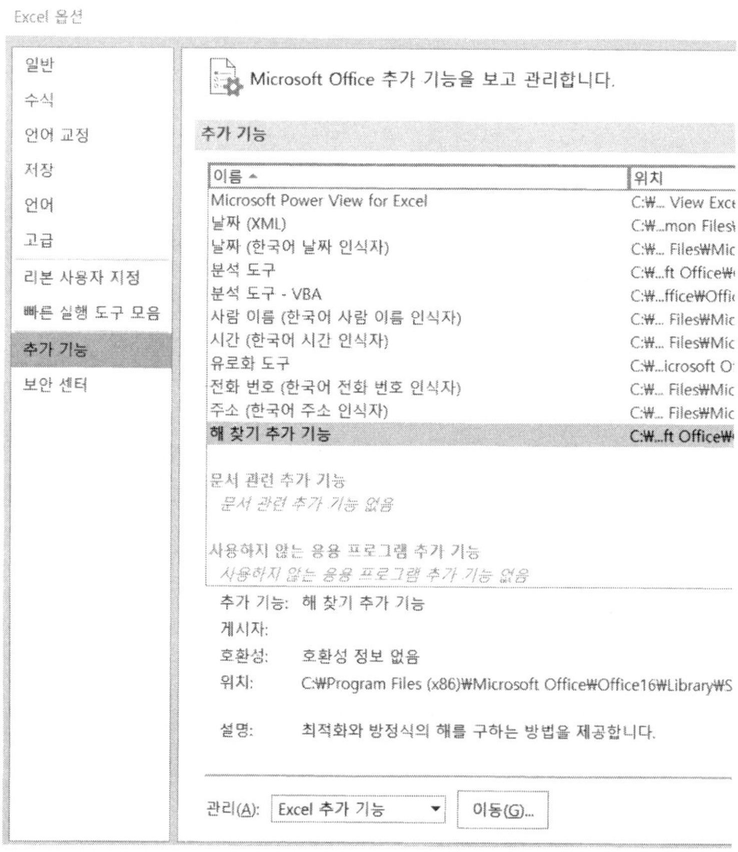

이동버튼을 누르면 아래와 같은 상자가 나오면 해찾기 추가기능을 클릭하고 확인버튼을 누른다.

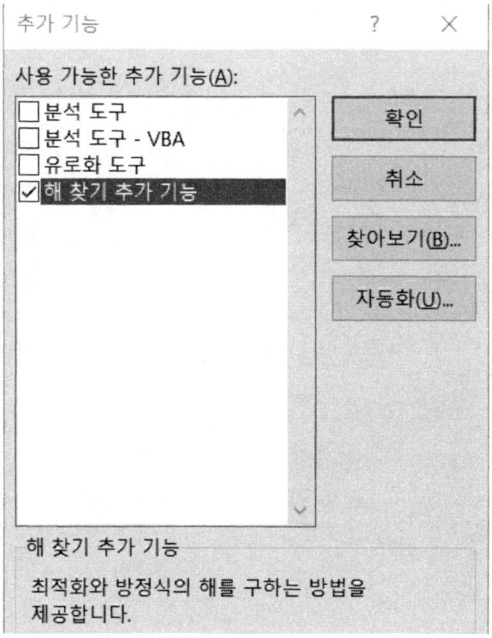

이제 데이터 메뉴에 보면 오른쪽 끝에 해찾기 메뉴를 확인할 수 있다.

엑셀로 표현하기 위해서 상수 및 변수는 엑셀 셀로 표현되고 목적식과 제약식은 엑셀수식으로 표현된다. 해찾기 기능으로 선형계획법을 풀기 위해서는 모델설정을 해주어야 하는데. office excel 2010 이전 버전과 2010 이후 버전에서 약간 형태가 다르지만 기본적인 사용법은 동일하다. 두 버전의 차이점을 설명하면 다음과 같다. 본교재는 2010 이후 버전으로 설명하고 있다.

2010 이전 버전(office 2007)

❶ 해찾기 모델 설정 옵션 버튼을 누르고 아래 그림과 같이 선형모델가정, 음수 아닌 것으로 가정을 체크하고 확인버튼을 누른다.

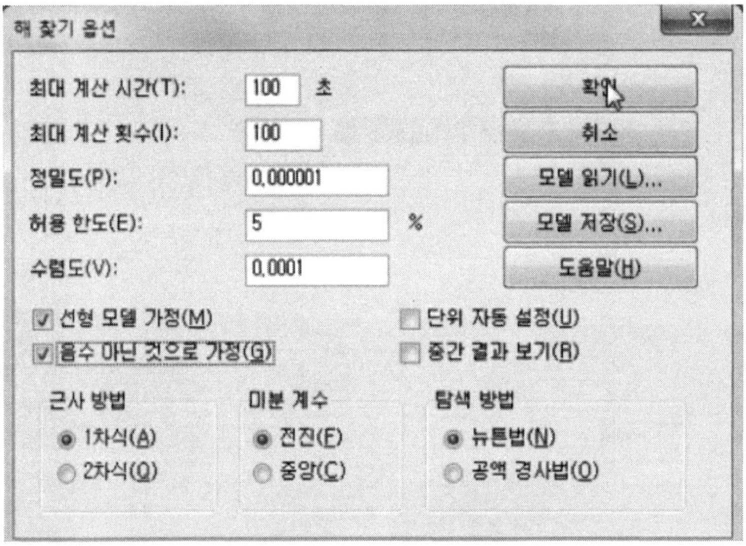

❷ 아래 그림과 같이 목표셀, 변수(값을 바꿀 셀), 제한조건을 설정하고 실행버튼을 누르면 답이 구해진다.

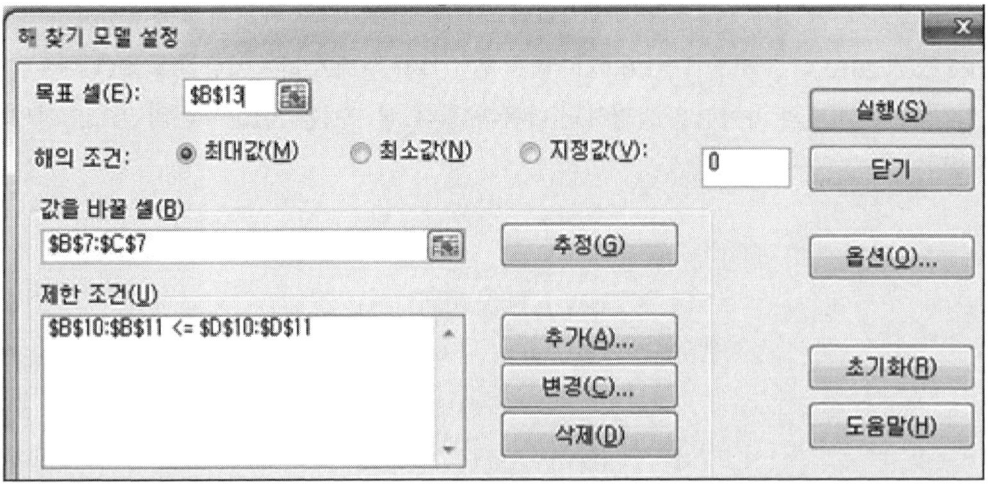

2010 이후 버전
❶ 제한되지 않은 변수를 음이 아닌 수로 설정을 클릭하고, 해법선택에서 단순LP를 선택한다. ❷ 아래 그림처럼 목표설정, 변수셀변경, 제한조건을 입력하고 해찾기 버튼을 누르면 답이 구해진다.

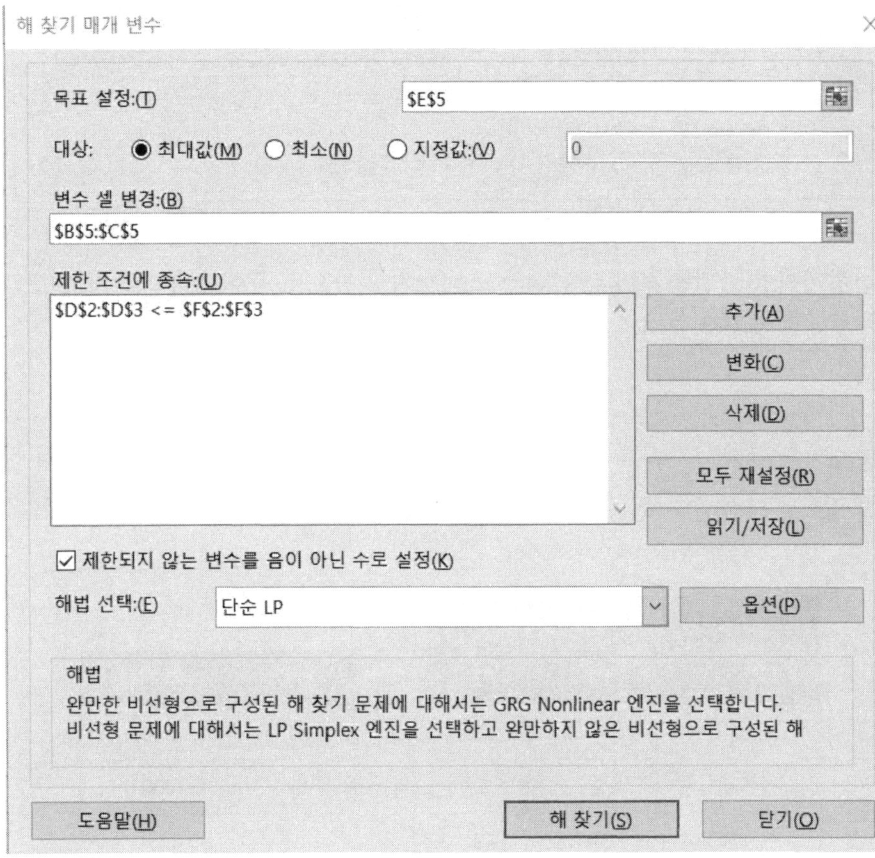

엑셀에서 데이터는 셀에 저장되며, 셀을 지정하기 위해서는 [A1, B1, A2]와 같이 표시한다. 알파벳은 열을 나타내고 숫자는 행번호를 의미한다. 또한 특정 데이터 영역을 지정하기 위해서는 [시작셀: 종료셀] 형식을 사용한다. 수학적 모델은 선형식을 많이 사용하기 때문에 엑셀 수식 중에 SUM() 과 SUMPRODUCT() 수식을 많이 사용한다. SUM()은 각 셀의 합을 구할 때 사용하고 SUMPRODUCT()은 여러 배열에서 동일 위치값을 곱하고 합을 해주는 연산을 수행한다.

아래 수식을 연습해 보자. 5가지 제품의 판매총액 합을 구하기 위해서 2가지 방법을 사용할 수 있는데, B6처럼 각 제품의 판매금액을 따로 구하고 합을 구하는 방법과 판매단가배열(B2에서 F2까지 영역)과 판매수량배열(B3에서 F3까지 영역)의 곱의 합산(내적)을 구하는 B7 방법이 가능하다.

	A	B	C	D	E	F
1	제품명	제품 1	제품 2	제품 3	제품 4	제품 5
2	판매 단가	2000	3500	1500	5000	200
3	판매 수량	10	14	7	3	13
4	제품별 판매 금액	=B2*B3	=C2*C3	=D2*D3	=E2*E3	=F2*F3
5						
6	판매 총액(방법1)	=SUM(B4:F4)				
7	판매 총액(방법2)	=SUMPRODUCT(B2:F2,B3:F3)				

간단한 선형계획법 모델을 엑셀로 표현하고 해찾기 기능으로 풀어보도록 하자. 다음과 같은 생산계획 문제를 생각해 보자.

인덕공장에서는 2가지 부품(P1, P2)을 활용하여 2가지 제품(S1, S2)을 생산하고 있다. 제품별 필요한 부품 수와 현재 가용한 재고 그리고 제품별 이익은 다음 표와 같다.

제품	필요한 부품수	
	P1	P2
S1	4	2
S2	2	6
현재재고	30	40

제품	이익(천원)
S1	500
S2	400

이익을 최대화하기 위하여 아래와 같은 제품별 생산량을 구해보자.

	주간생산량
S1	?
S2	?

위 문제의 선형계획법 모델링은 다음과 같이 정의된다.

1 변수

x(S1 생산량), y(S2 생산량)

2 목적식

이익 최대화 $= 500x + 400y$

3 제약식

P1 사용량 $= 4x + 2y \leqq 30$

P2 사용량 $= 2x + 6y \leqq 40$

$x, y \geqq 0$

위 수학식을 엑셀로 표현하기 위해서 먼저 주어진 값들을 아래와 같은 형식으로 입력한다.

	A	B	C	D	E
1		P1	P2	이익	생산량
2	S1	4	2	500	(E2)
3	S2	2	6	400	(E3)
4	부품사용량	(B4)	(C4)		
5		<=	<=		
6	재고	30	40		
7					
8	총이익	(B8)			

위 엑셀 모형에서 E2와 E3 셀에 S1와 S2의 생산량이 입력되면 부품 사용량이 셀에 자동 계산되도록 B4와 C4 위치에 엑셀수식을 다음과 같이 입력한다.

=SUMPRODUCT(B2:B3,E2:E3)	=SUMPRODUCT(C2:C3,E2:E3)

목적식 총이익은 B8위치에 다음과 같은 엑셀 수식으로 표현한다.

=SUMPRODUCT(D2:D3,E2:E3)

이제 해찾기 설정을 아래와 같이 설정한다.

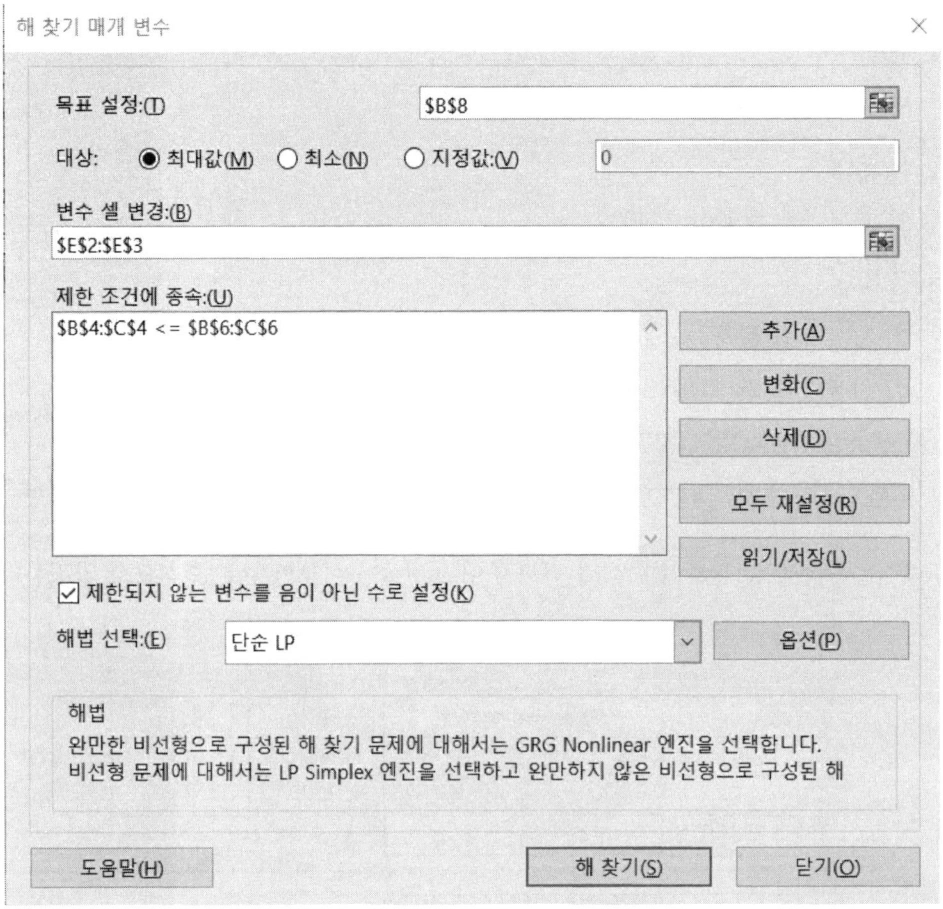

해찾기 설정의 의미는 아래와 같다.

목적식 B8을 최대화하는 변수셀 E2, E3 값을 구하라. 이때 B4와 C4의 값은 B6과 C6의 값보다 같거나 작아야 한다.

마지막으로 해찾기 버튼을 클릭하면 아래와 같이 변수 E2, E3위치에 최적 생산량이 자동입력되면서 제약식과 목적식의 수식값이 확인된다. S1의 5개 그리고 S2는 5개를 생산하는 것이 이익을 최대화하는 생산계획이 되고, 이때 총이익은 4,500이 된다. 그리고 부품 P1은 30, 부품 P2는 40개를 사용하게 되어 재고제약식을 만족하게 된다.

	A	B	C	D	E
1		P1	P2	이익	생산량
2	S1	4	2	500	5
3	S2	2	6	400	5
4	부품사용량	30	40		
5		<=	<=		
6	재고	30	40		
7					
8	총이익	4500			

2.2 이익과 비용을 고려한 주간생산계획

이전 예제에서는 이익만을 고려했는데 이번에는 이익과 비용을 모두 고려하는 문제를 생각해 보자. 인덕공장에서는 3가지 제품을 2개의 작업장에서 생산하고 있다. 제품은 작업장마다 다른 작업시간과 작업비용이 발생한다. 제품별 이익은 다음 표와 같다.

	작업시간(분)	
	M1	M2
S1	2	3
S2	3	2
S3	2	5

	작업비용(천원)	
	M1	M2
S1	0.6	0.5
S2	0.5	0.8
S3	1	2

제품	이익(천원)
S1	10
S2	20
S3	30

각 작업장의 가용한 주간 가동시간은 2400분이다. 인덕공장의 주간생산계획(작업장별 생산량)을 구해보자. 이때 비용을 고려한 최종 순이익은 얼마인가?

	주간 생산량	
	M1	M2
S1	?	?
S2	?	?
S3	?	?

위 문제의 선형계획법 수학 모델링은 아래와 같이 표현할 수 있다.

1 변수

$x_{i,m}$: i 제품 m 작업장의 생산량

2 목적식

순이익을 최대화, 순이익은 (이익 − 생산비용) 으로 계산할 수 있고, 수학식으로 표현하면 다음과 같다.

$$10x_{11} + 10x_{12} + 20x_{21} + 20x_{22} + 30x_{31} + 30x_{32}$$
$$- (0.6x_{11} + 0.5x_{12} + 0.5x_{21} + 0.8x_{22} + x_{31} + 2x_{32})$$
$$= 9.4x_{11} + 9.5x_{12} + 19.5x_{21} + 19.2x_{22} + 29x_{31} + 28x_{32}$$

3 제약식

각 작업장에 사용한 시간은 가용한 시간보다 작아야 한다. 수학식으로 표현하면 다음과 같다.

$$2x_{11} + 3x_{21} + 2x_{31} \leqq 2400$$
$$3x_{12} + 2x_{22} + 5x_{32} \leqq 2400$$
$$x_{i,m} \geqq 0$$

위 수학식을 엑셀로 표현하기 위해서 먼저 주어진 값들을 아래와 같은 형식으로 입력한다.

	A	B	C	D	E	F	G	H
1		필요한 작업시간					작업비용	
2		M1	M2	이익			M1	M2
3	S1	2	3	10		S1	0.6	0.5
4	S2	3	2	20		S2	0.5	0.8
5	S3	2	5	30		S3	1	2
6								
7		작업장별 생산량				이익	(G7)	
8		M1	M2	총생산량		생산비용	(G8)	
9	S1	(B9)	(C9)	(D9)		순이익	(G9)	
10	S2	(B10)	(C10)	(D10)				
11	S3	(B11)	(C11)	(D11)				
12	가동시간	(B12)	(C12)					
13		<=	<=					
14	주간가동시간	2400	2400					

작업장별 생산량은 B9에서 C11까지 총 6개의 변수셀에 입력되고 이때 제품별 총생산량 D9, D10, D11은 아래와 같은 식으로 계산된다.

총생산량
=B9+C9
=B10+C10
=B11+C11

또한 생산량이 결정되면 작업장별 사용시간 B12, C12는 아래와 같은 엑셀식으로 계산된다.

가동시간	=SUMPRODUCT(B3:B5,B9:B11)	=SUMPRODUCT(C3:C5,C9:C11)

마지막으로 이익(G7), 생산비용(G8), 순이익(G9)은 아래와 같은 식으로 표현된다.

이익	=SUMPRODUCT(D3:D5,D9:D11)
생산비용	=SUMPRODUCT(B9:C11,G3:H5)
순이익	=G7-G8

해찾기 설정을 아래와 같이 설정한다.

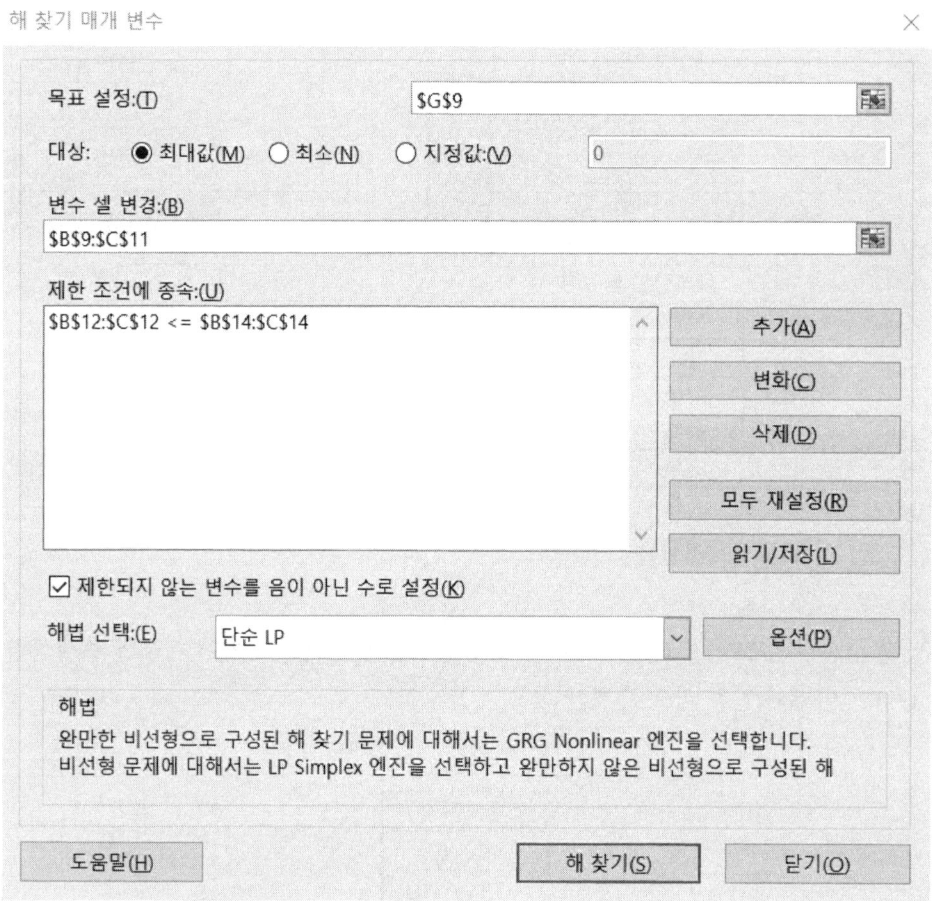

해찾기 버튼을 누르면 아래와 같이 변수값이 채워지고 순이익과 작업장별 실제 가동시간 결과를 확인할 수 있다.

	A	B	C	D	E	F	G	H
1		필요한 작업시간					작업비용	
2		M1	M2	이익			M1	M2
3	S1	2	3	10		S1	0.6	0.5
4	S2	3	2	20		S2	0.5	0.8
5	S3	2	5	30		S3	1	2
6								
7		작업장별 생산량				이익	60,000	
8		M1	M2	총생산량		생산비용	2,160	
9	S1	0	0	0		순이익	57,840	
10	S2	0	1200	1200				
11	S3	1200	0	1200				
12	가동시간	2400	2400					
13		<=	<=					
14	주간가동시간	2400	2400					

2.3 비용을 고려한 구매계획

이번에는 구매계획 문제를 생각해 보자. 인덕헬스클럽에서 TV를 설치할 계획이다. 현재 48인치 모델과 32인치 모델을 고려하고 있으며, 가격은 260만원과 140만원이다. 48인치를 설치할 경우 $2.3m^2$ 공간이 필요하고, 32인치모델은 $1.8m^2$ 공간이 필요하다. 현재 헬스클럽에 설치할 수 있는 공간은 최대 $40m^2$이다. 48인치 모델은 8명 정도가 동시 시청 가능하고, 32인치 모델은 5명의 고객이 동시 시청 가능한 것으로 측정되었다. 클럽 관리자는 125명 이상의 고객이 불편함 없이 운동하면서 시청하도록 TV를 설치하려고 한다. 구매비용을 최소화하는 구매방법을 구하라.

선형계획법 모델은 다음과 같다.

① 변수:

x_{48}: 48인치 구매수

x_{32}: 32인치 구매수

두 변수 모두 정수로 표현

② 목적: 구매비용 최소화

목적식 $260*x_{48} + 140*x_{32}$를 최소화한다.

③ 제약

(시청고객수는 125명 이상) $8*x_{48} + 5*x_{32} \geqq 125$

(설치공간은 $40m^2$ 이하) $2.3*x_{48} + 1.8*x_{32} \leqq 40$

위 내용을 엑셀에 다음과 같이 입력한다. 엑셀 수식과 해찾기 설정에서 행과 열번호를 사용하지 않고 사전에 설정된 이름을 사용하면 직관적이고 이해하기 쉽다.

	A	B	C	D	E
1		가격	시청수	설치공간	구매량
2	48인치	260	8	2.3	(E2)
3	32인치	140	5	1.8	(E3)
4					
5		실제시청수		최소시청수	
6		(B6)	>=	125	
7					
8		실제설치공간		최대공간	
9		(B9)	<=	40	
10					
11		총구매비용			
12		(B12)			

엑셀 이름관리자를 이용하여 다음과 같이 셀에 이름을 부여한다.

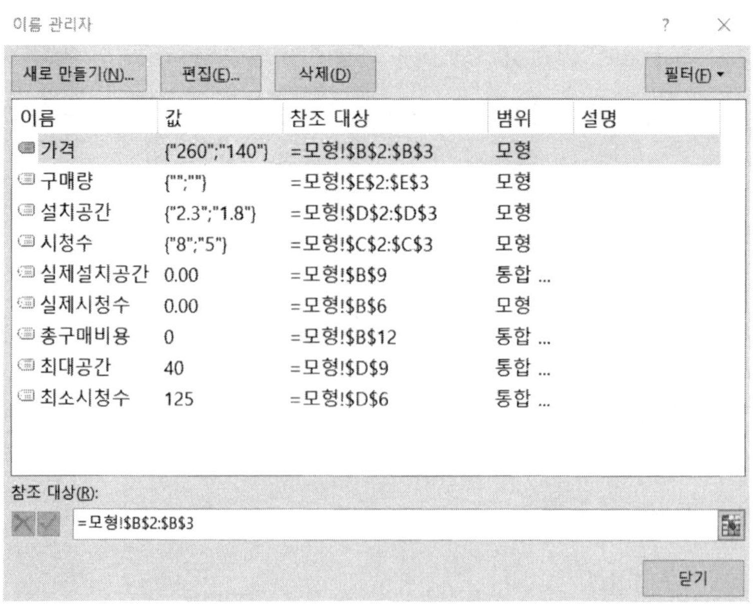

구매량 변수가 결정되면 실제시청수 셀은 다음과 같은 수식으로 계산된다.

```
=SUMPRODUCT(시청수,구매량)
```

실제설치공간 셀은 다음과 같은 수식으로 계산된다.

```
=SUMPRODUCT(설치공간,구매량)
```

총구매비용 셀은 다음과 같은 수식으로 계산된다.

```
=SUMPRODUCT(가격,구매량)
```

엑셀 해찾기 설정은 다음과 같다.

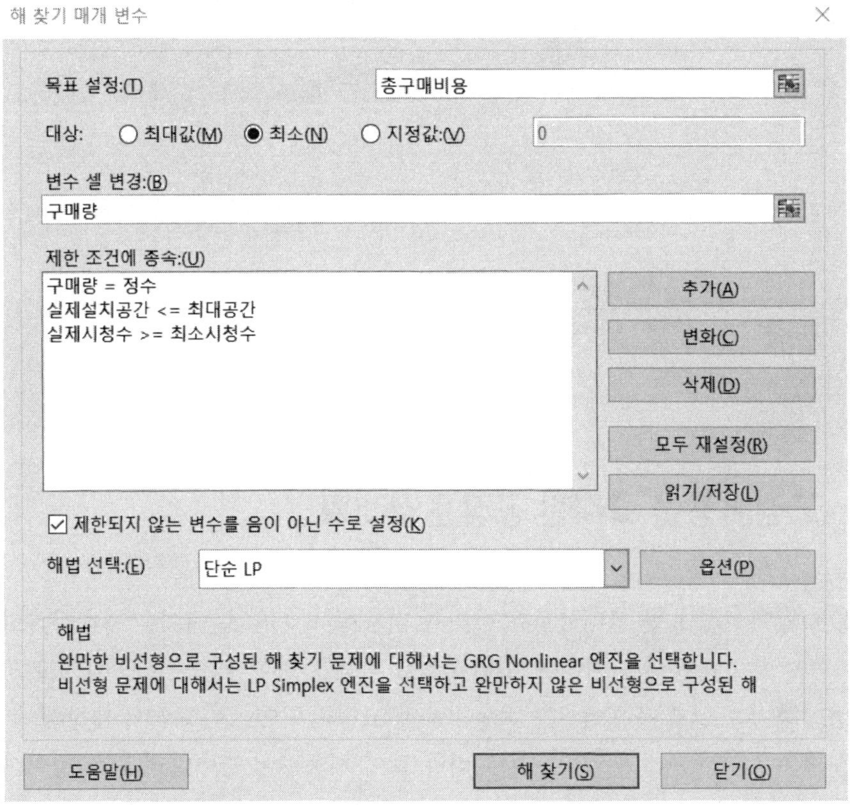

위 해찾기 설정에서 구매량을 정수로 설정하는 제약은 제약을 추가할 때 아래와 같이 중간 콤보박스에 int를 선택하면 된다.

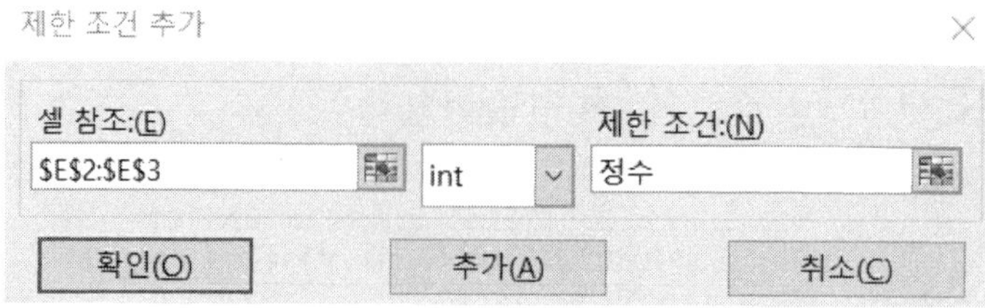

해찾기를 클릭하면 다음과 같은 최적해가 구해진다. 48인치는 10대, 32인치는 9대 구매하는 것이 구매비용을 최소화하는 구매방법이다.

	A	B	C	D	E
1		가격	시청수	설치공간	구매량
2	48인치	260	8	2.3	10.00
3	32인치	140	5	1.8	9.00
4					
5		실제시청수		최소시청수	
6		125.00	>=	125	
7					
8		실제설치공간		최대공간	
9		39.20	<=	40	
10					
11		총구매비용			
12		3860			

2.4 고정비용을 고려한 공장운영계획

기업운영에 있어서 중요한 고려사항은 이익과 비용이다. 기업은 이익을 최대화하고 비용을 최소화하는 방향으로 운영을 해왔다. 일반적으로 비용은 선형적인 구조를 가지고 있어서 생산량에 비례하지만 실제 응용에서는 변동비용과 고정비용으로 나누어서 계산해야 한다. 변동비용은 제품을 만드는데 투입되는 재료비와 같이 제품량이 늘어나면 같이 늘어나는 비용이다. 고정비용은 공장설비 구매비용과 같이 생산량에 따라 변화하지 않는 비용이다. 이러한 비용구조를 고려해서 최적생산계획을 만들려면 선형계획법 모델링이 쉽지 않다.

어떤 제품을 생산하는 비용이 개당 30만원이고, 제품을 생산하게 되면 100만원의 고정 비용이 발생한다고 가정해보자. 생산을 하지 않으면 100만원의 고정비용은 발생하지 않는다. 생산량 변수가 x로 주어진 경우, 변동비용 30만원은 $30*x$로 표현할 수 있지만, 고정비용 100만원은 선형식으로 표현하기 어렵다. 실제 비용은 아래와 같이 2가지로 나누어진다.

- 생산량이 있는 경우 비용 $= 30*x + 100$
- 생산량이 없는 경우 비용 $= 0$

이런 경우 생산여부변수 y(이진변수)를 도입하고 아래와 같은 제약식을 사용한다.

$$x - 생산용량*y \leqq 0$$

x가 0이면 y는 0 혹은 1이 가능하다. 하지만 비용식에 y가 사용되면 비용최소화를 해야 하기 때문에 y는 0이 될 것이다. x가 0보다 큰 값이 되면 y는 1이 가능하다. 0은 논리에 맞지 않는다.

결과적으로 총생산비용은 $30*x + 100*y$로 계산될 수 있다.

고정비용과 변동비용을 고려하는 공장생산계획 문제를 생각해 보자. 아래 기업에서는 공작기계를 생산하는 공장을 건설하려고 한다. 공장별 생산단가와 고정비용이 주어졌다. 고정비용은 생산을 할 경우에만 발생하는 비용이다. 제품 한 개에 대한 판매단가는 1,750(천원)이고, 년 수요량은 10,000개이다. 이 회사는 어디에 공장을 건설하고 각 공장별로 몇개를 생산하는 것이 총이익을 최대화하는 방법일까?

(단위: 천원)

공장명	생산단가	고정비용(건설비용)	생산용량
1	500	4,500,000	5000
2	850	2,500,000	4000
3	1150	1,500,000	4500
4	1450	500,000	3000

위 문제를 선형계획법으로 모델링하면 다음과 같다.

1 변수:

x_1, x_2, x_3, x_4: 각 공장의 생산량

y_1, y_2, y_3, y_4: 각 공장의 가동여부

2 목적식:

이익최대화, 이익 = 판매이익 − 변동비용 − 고정비용

$1750(x_1 + x_2 + x_3 + x_4) - (500x_1 + 850x_2 + 1150x_3 + 1450x_4)$

$- (4{,}500{,}000y_1 + 2{,}500{,}000y_2 + 1{,}500{,}000y_3 + 500{,}000y_4)$

3 제약식:

(수요만족) $x_1 + x_2 + x_3 + x_4 = 10000$

(생산량변수와 생산여부변수 관계)

$x_1 - 5000y_1 \leqq 0$

$x_2 - 4000y_2 \leqq 0$

$x_3 - 4500y_3 \leqq 0$

$x_4 - 3000y_4 \leqq 0$

$x_i \geqq 0$, x_i는 정수, y_i는 0 or 1

엑셀모형은 아래와 같다.

	A	B	C	D	E	F	G	H
1		1	2	3	4	판매단가		
2	생산단가	500	850	1,150	1,450	1,750		
3	고정비	4,500,000	2,500,000	1,500,000	500,000			
4	생산용량	5,000	4,000	4,500	3,000			
5	가동여부변수	(B5)	(C5)	(D5)	(E5)	총생산		총수요
6	생산량변수	(B6)	(C6)	(D6)	(E6)	(F6)	=	10,000
7								
8	생산-용량x여부	(B8)	(C8)	(D8)	(E8)			
9		<=	<=	<=	<=			
10		0	0	0	0			
11								
12	총판매수익	(B12)						
13	총생산비용	(B13)						
14	총고정비용	(B14)						
15	순이익	(B15)						

이름설정은 다음과 같다.

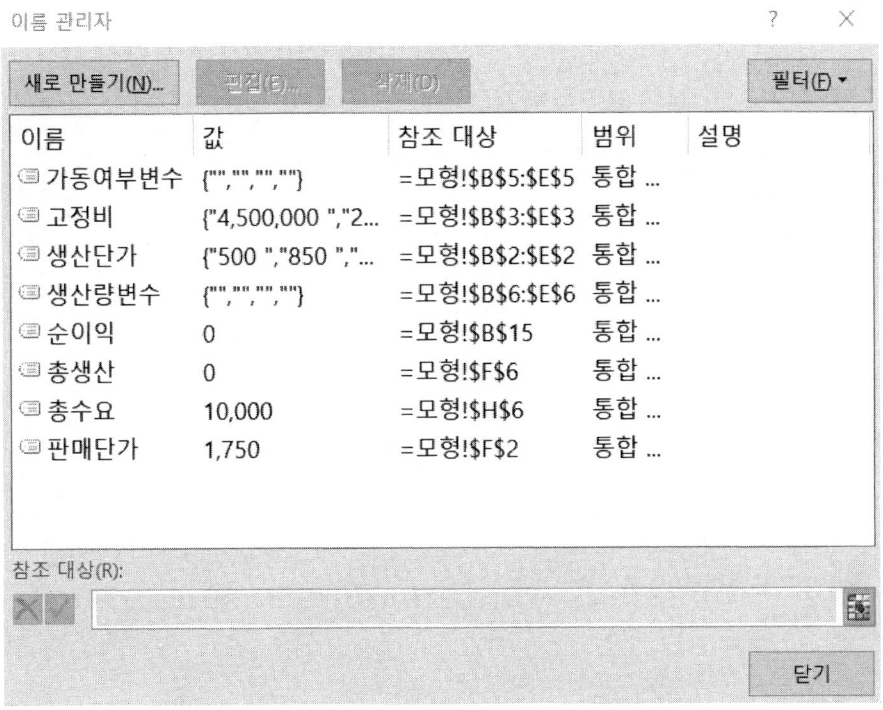

엑셀모형에서 총생산은 생산량변수의 합이다.

=SUM(생산량변수)

총판매수익, 총생산비용, 총고정비용, 순이익계산은 다음과 같은 수식을 사용한다.

총판매수익	=판매단가*총생산
총생산비용	=SUMPRODUCT(생산단가,생산량변수)
총고정비용	=SUMPRODUCT(고정비,가동여부변수)
순이익	=B12-B14-B13

해찾기 설정은 다음과 같다.

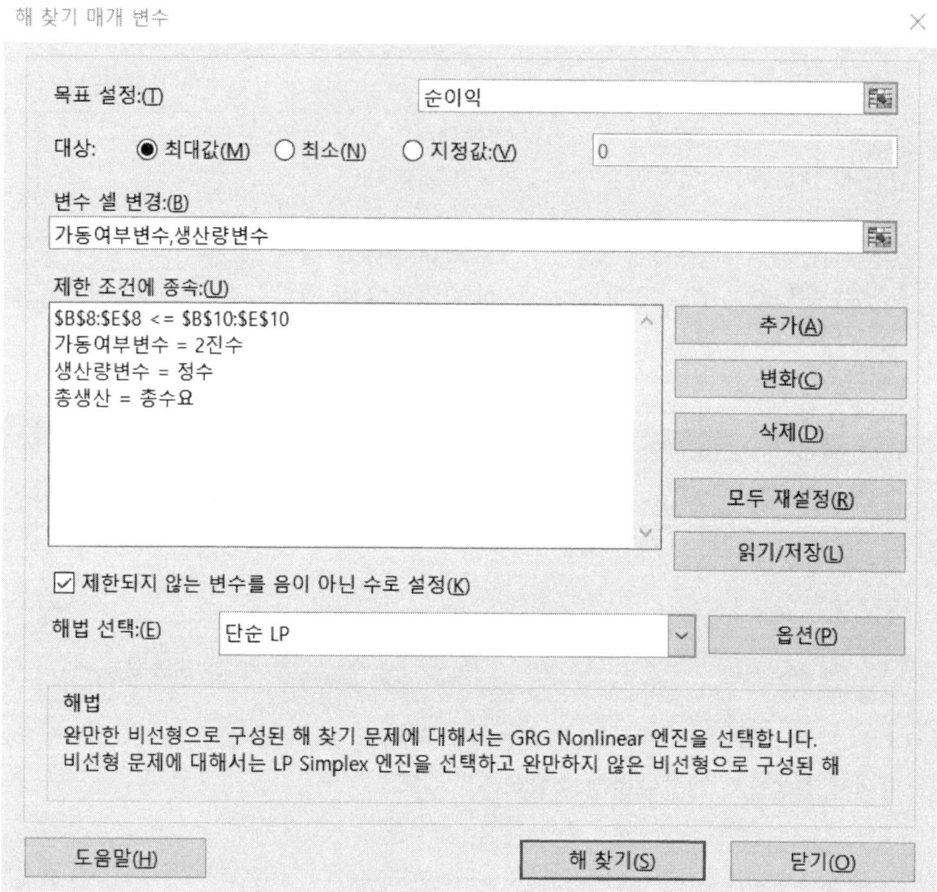

가동여부변수는 0 혹은 1값을 갖는 이진변수이어야 하므로 다음과 같은 제약에서 가운데 콤보박스에서 bin을 선택해준다.

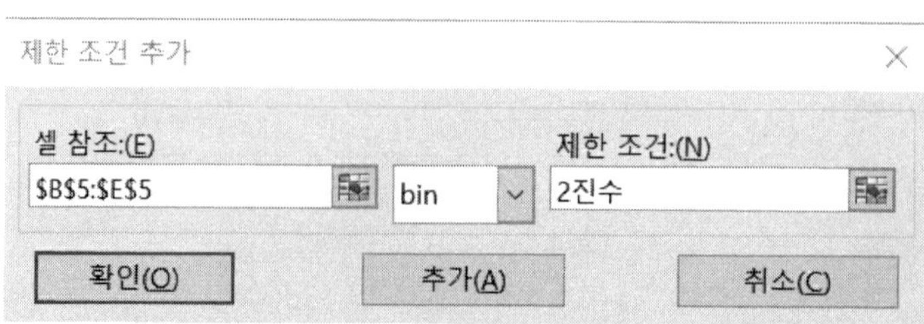

해찾기 버튼을 누르면 아래와 같은 최적 공장 운영계획이 나온다. 공장 1, 2, 4를 운영하고 공장 1에서 5000개, 공장 2에서 4000개, 공장 4에서 1000개를 생산하는 것이 순이익을 가장 최대화할 수 있는 방법이다.

	A	B	C	D	E	F	G	H
1		1	2	3	4	판매단가		
2	생산단가	500	850	1,150	1,450	1,750		
3	고정비	4,500,000	2,500,000	1,500,000	500,000			
4	생산용량	5,000	4,000	4,500	3,000			
5	가동여부변수	1	1	0	1	총생산		총수요
6	생산량변수	5000	4000	0	1000	10,000	=	10,000
7								
8	생산-용량x여부	0	0	0	-2000			
9		<=	<=	<=	<=			
10		0	0	0	0			
11								
12	총판매수익	17,500,000						
13	총생산비용	7,350,000						
14	총고정비용	7,500,000						
15	순이익	2,650,000						

3

Python과 선형계획법

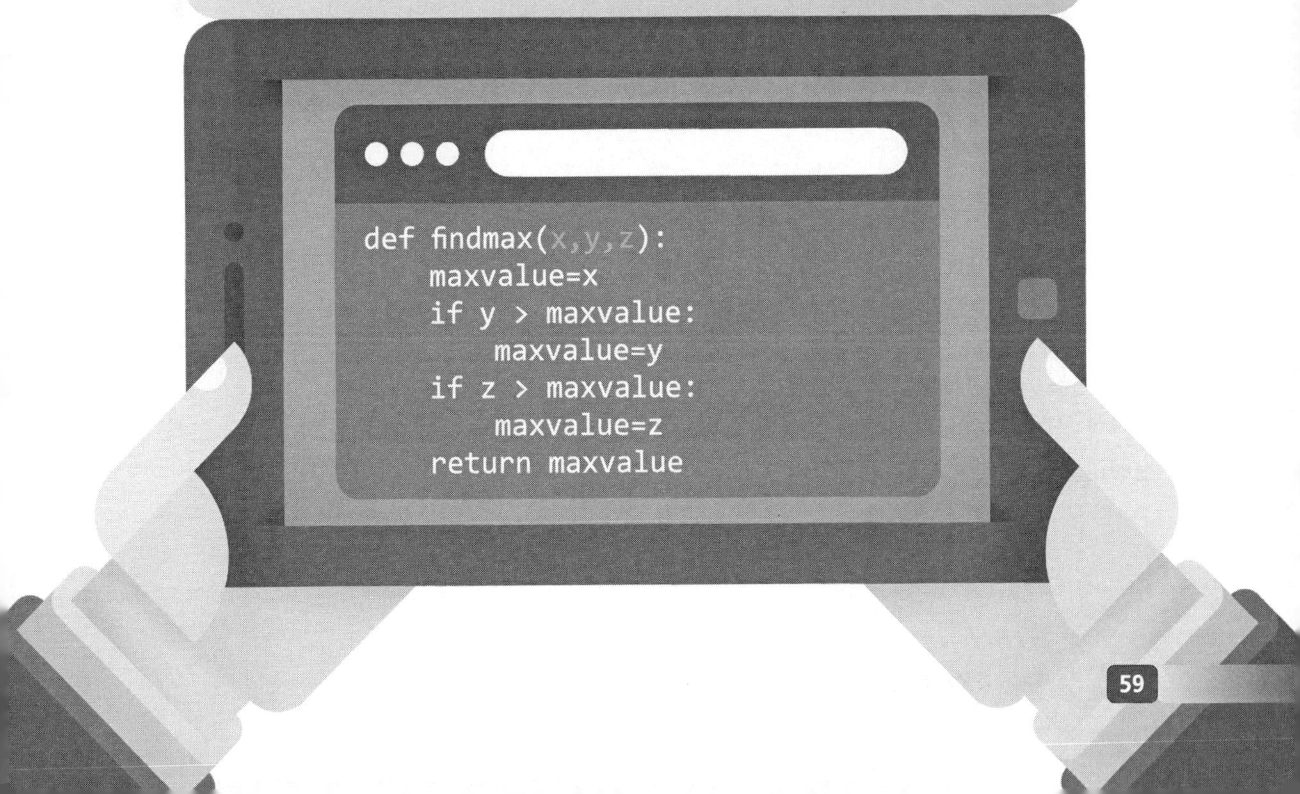

3.1 Python 언어의 이해

Python은 컴퓨터 언어 중 인공지능 및 데이터분석 응용분야에서 가장 많이 사용되는 언어이다. 컴퓨터 언어는 기본적으로 데이터 저장, 분석, 출력에 관한 다양한 기능을 제공하는 명령문의 집합이라고 정의할 수 있다. 또한 효율적으로 명령문들을 관리할 수 있도록 함수(명령문 묶음), 클래스(데이터와 함수의 묶음)와 같은 기능도 제공한다. 컴퓨터언어를 사용하려면 편집 및 실행 소프트웨어를 설치해야 하는데 www.anaconda.com 사이트에서 Anaconda Individual Edition을 다운로드하여 설치할 수 있다. 설치 후 아래처럼 Spyder를 실행하면 Python을 사용할 수 있다.

Python을 사용하여 아래처럼 명령어 단위로 컴퓨터와 대화하면서 데이터 분석을 수행할 수 있다.

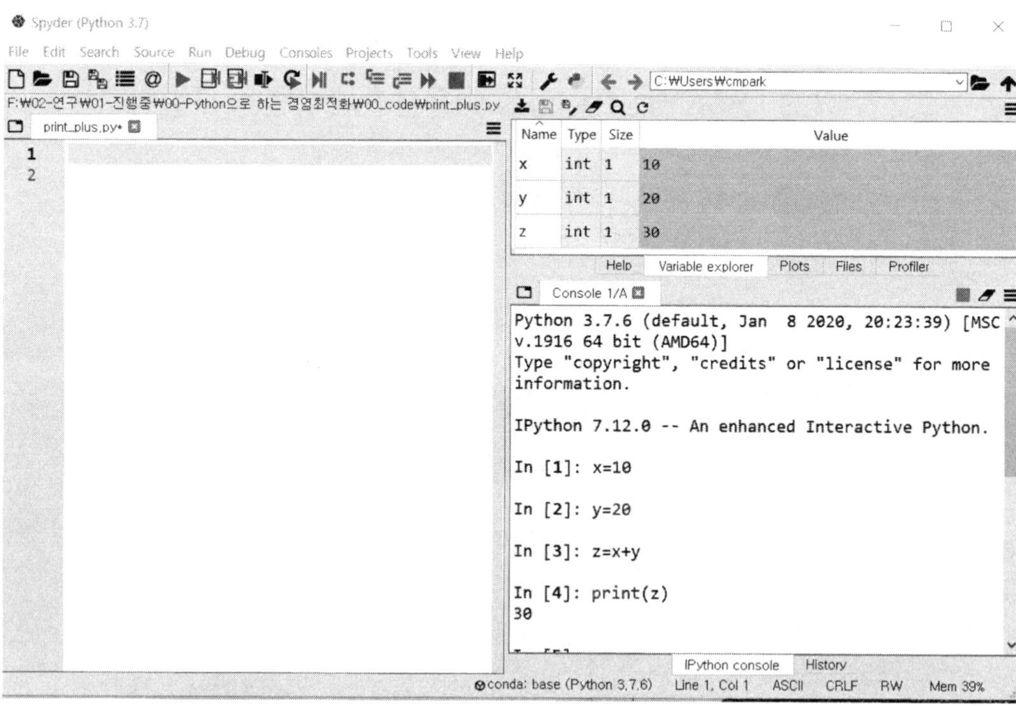

복잡한 분석 내용을 작성하고 한꺼번에 실행할 때는 왼쪽 편집 창에 내용을 작성하고 초록색 실행버튼을 누르면 실행된다.

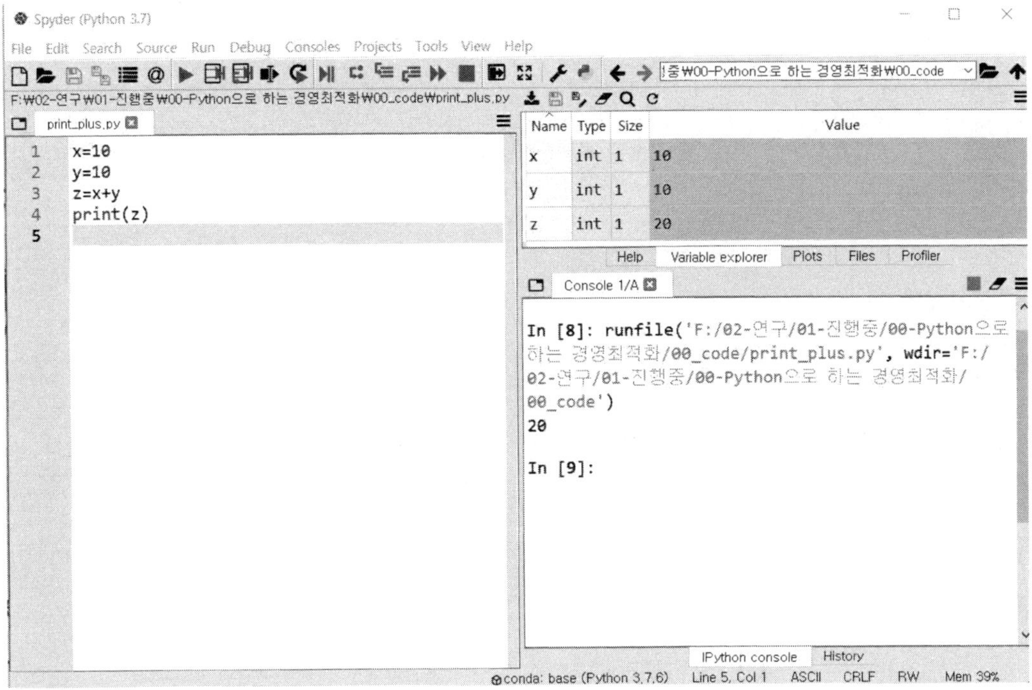

작성된 프로그램은 *.py 형식으로 저장될 수 있다.

(1) 데이터 저장변수

Python에서 사용되는 변수는 데이터 형태를 지정할 필요가 없다. 또한 하나의 데이터만 저장하는 단일변수와 여러 개의 데이터를 저장하는 집합변수(String, Tuple, List, Dictionary)가 있다.

▶ 단일변수

코드	x=10
설명	x라는 데이터변수가 생성되고 숫자 2를 저장하게 된다.

▶ String

코드	s='abc'
설명	변경 불가능한 문자 집합이다. 단일 인용부호를 사용하여 정의한다.

▶ Tuple(튜플)

코드	x=(1,2,3)
설명	한번 설정되면 변경이 불가능한 데이터의 집합이다. 데이터 순서가 존재한다. ( )기호로 정의한다.

▶ List(리스트)

코드	y=[4,5,6,7]
설명	변경 가능한 데이터의 집합이다. Tuple과 마찬가지로 데이터 순서가 존재한다.

Tuple과 List에서 특정 위치 데이터를 가져올 경우 변수이름[인덱스번호] 형식을 사용한다. 인덱스번호는 0부터 시작된다.

▶ Dictionary

코드	z={'product1':10, 'product2':20, 'product3':30}
설명	키(Key)와 값(Value)으로 구성된 데이터 집합이다. 특정 데이터를 읽어오려면 아래와 같이 키값을 알아야 한다. z['product3']

(2) 분석로직을 표현하기 위한 조건문과 반복문

if 조건문은 아래와 같이 라인 끝에 ":" 기호를 사용한다. 조건이 만족될 때 수행할 명령문은 들여쓰기로 작성되어야 한다. 아래코드는 x가 95점 이상이면 "A+"를 출력하라는 내용을 표현한 것이다.

```
if x >= 95:
    print("A+")
```

반복문도 라인 끝에 ":" 기호를 사용한다. 집합 (1, 2, 3)에서 원소를 하나씩 꺼내서 출력하도록 하려면 아래 반복문을 사용하면 된다. 반복할 내용은 들여쓰기로 작성되어야 한다.

```
for x in (1,2,3):
    print(x)
```

(3) 함수 정의

여러 명령문을 모아서 하나의 함수로 정의할 수 있다. 아래 코드는 3개의 변수를 입력 받아서 최대값을 찾아 넘겨주는 함수를 정의한 것이다. 함수내부 명령문은 들여쓰기로 정의되어야 한다.

```
def findmax(x,y,z):
    maxvalue=x
    if y > maxvalue:
        maxvalue=y
    if z > maxvalue:
        maxvalue=z
    return maxvalue
```

(4) 클래스 정의

여러 함수와 변수를 다음과 같이 하나로 묶어서 클래스로 정의할 수 있다. 아래 클래스는 급여계산을 위해서 사원이름과 근무년수를 데이터로 정의하고 급여를 계산하여 출력하는 메소드를 정의하였다.

```
class Salary:
    def __init__(self,n,w):
        self.name=n
        self.workyear=w
    def printSalary(self):
        print(self.name+' 급여는 ',self.workyear*30,' 만원입니다')
```

__init__는 클래스 생성자이며, 객체를 만들때 변수를 초기화할 때 사용한다. 메소드를 정의할대 self 인자를 사용하면 자신의 변수에 접근할 수 있다. 아래 코드는 위 클래스를 이용하여 객체를 생성하고 사용하는 예를 보여주고 있다.

```
In [34]: w1=Salary('홍길동',10)

In [35]: w1.printSalary()
홍길동 급여는  300  만원입니다
```

(5) 외부 모듈 사용

모듈이란 외부파일에 정의된 변수, 함수, 클래스를 말한다. python에서는 다양한 기능들이 모듈형태로 제공된다. 사용형식은 "import 모듈이름"을 사용한다. 아래 코드는 random 모듈을 이용하여 난수를 생성하여 출력하는 예제를 보여준다.

```
import random
x=random.randrange(10,20)
print(x)
```

여러 변수, 함수, 클래스를 묶은 것을 패키지라고 한다. 설치된 패키지에서 필요한 모듈만 가져오는 경우에는 "from 패키지명 import 모듈명"을 사용할 수 있다. 모듈명에 필요한 변수, 함수, 클래스 이름을 사용하면 된다.

3.2 Python을 이용한 선형계획법 모델

Python 환경에서 선형계획법 모델을 생성하고 풀기 위해서는 PuLP 패키지를 사용할 수 있다. 앞에서 설치한 Anaconda Prompt를 실행하고 명령창에 아래와 같이 입력하면 다종 설치된다.

```
pin install pulp
```

아래와 같은 선형계획법 모델을 Python으로 풀어 보도록 해보자.

1 변수
x 생산량, y 생산량

2 목적식
이익 최대화 $= 500x + 400y$

3 제약식
$4x + 2y \leqq 30$ (부품A 사용량)
$2x + 6y \leqq 40$ (부품B 사용량)

위 선형계획법 모델을 PuLP에서 모델을 만들고 풀기 위해서는 아래와 같은 절차로 진행한다.

1 모듈 가져오기	`from pulp import *`
2 모델객체 생성	`prob = LpProblem("Production Problem",LpMaximize)`
3 변수객체 생성	`x=LpVariable("Production_x",0,None,LpInteger)` `y=LpVariable("Production_y",0,None,LpInteger)`
4 목적식 설정	`prob+= 500*x+400*y, "Total profit"`
5 제약식 설정	`prob += 4*x+2*y <= 30, "A Inventory "` `prob += 2*x+6*y <= 40, "B Inventory "`
6 모델 풀이	`prob.solve()`

7 변수값/목적값 출력	`for v in prob.variables():`
	`    print(v.name, "=", v.varValue)`
	
	`print("Total Profit = ", value(prob.objective))`

1 모듈 가져오기

"from 패키지이름 import 모듈명" 형식에서 모듈명에서 "*"를 넣어, pulp 모든 클래스를 사용할 수 있도록 설정한다.

2 모델객체 생성

pulp에서 최초 LpProblem("모델이름", LpMinimize 혹은 LpMaximize) 형식으로 객체를 생성해야 한다.

3 변수객체 생성

LpVariable("변수이름", 최소값, 최대값, 변수타입) 형식으로 변수 객체를 생성한다. 최대값이 None인 경우 한계가 없다는 의미이고 변수타입이 LpInteger 인 경우 변수값이 정수가 나오도록 설정하는 것이다.

4 목적식 설정

모델객체 += (목적식), "목적식 이름" 형식으로 모델객체에 목적식을 설정한다. 부등호 기호가 없는 식이면 목적식으로 인식된다. 목적식 이름은 생략 가능하다.

5 제약식 설정

모델객체 += (제약식), "제약식 이름" 형식으로 모델객체에 제약식을 설정한다. 부등호가 있는 식이면 제약식으로 인식된다. 제약식 이름은 생략 가능하다.

6 모델 풀이

모델객체의 solve() 함수를 실행하면 문제풀이가 시작된다.

7 변수값/목적값 출력

모델객체의 variables() 함수를 실행하면 변수 집합을 리턴해주는데. 각 변수의 이름(name), 최적값(varValue)를 출력한다. 모델객체의 목적식은 objective 속성값에 저장되어 있고, 각 변수의 최적값을 사용하며 목적식을 계산하기 위하여 value() 함수를 사용한다.

3.3 SolverStudio를 이용한 Excel연동 모델링

엑셀프로그램과 연동하면 좀 더 쉽게 시각화된 선형계획모델을 생성할 수 있다. SolverStudio를 아래 사이트에서 다운로드하여 설치할 수 있다.

https: //solverstudio.org/download – install/

엑셀을 실행하고 데이터 탭을 클릭하면 아래 그림과 같이 SolverStudio 메뉴를 볼 수 있다.

먼저 Python 집합변수를 이용하여 모델을 쉽게 생성하는 방법을 생각해 보자. 처음 예제에서는 각 변수를 각각 생성하였는데 많은 변수를 생성하려면 불편할 수 있다. 아래 내용처럼 LpVariables.dicts() 함수를 이용하면 생산품목에 대한 Product 리스트를 이용하여 여러 변수를 한 번에 생성할 수 있다.

기존 코드에서 x, y 변수는 아래와 같은 식으로 만들어졌다.

```
x=LpVariable("Production_x",0,None,LpInteger)
y=LpVariable("Production_y",0,None,LpInteger)
```

변수이름 리스트를 아래와 같이 정의할 수 있다.

```
Product=['x','y']
```

위에서 만든 Product 리스트를 이용하여 아래 코드에서는 vars라는 변수 배열이 만들어지고 변수 이름은 Production_x, Production_y 형태로 만들어진다.

```
vars = LpVariable.dicts("Production_",Product,0,None,LpInteger)
```

이제 Product 리스트를 코드에서 만들지 않고, 엑셀에서 가져오는 방식을 이용해 보자.

SolverStudio Edit Data 메뉴를 클릭하면 아래 그림처럼 Data Items Editor 창을 열수 있다. Name에 Product라고 입력하고 Cell Range를 클릭하고 마우스 드래그로 x, y 영역을 선택하거나 셀 영역을 직접 입력하고 Add Data Item 버튼을 누르면 아래와 같이 Product 이라는 문자배열 데이터가 정의된다.

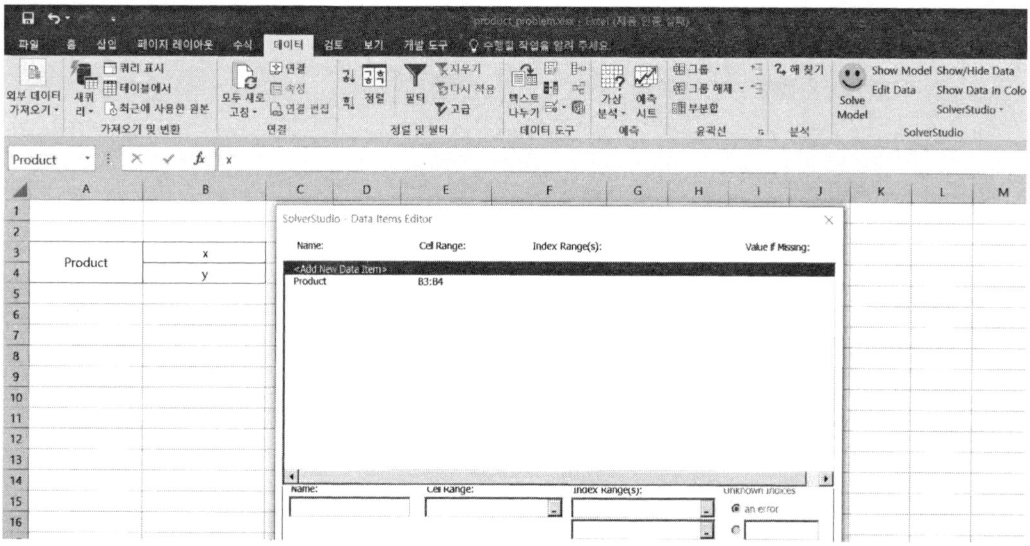

SolverStudio 의 ShowModel 메뉴를 클릭하면, 아래 그림처럼 모델코딩 창이 열리고 Python 코드를 이용하여 선형계획법 모델을 정의할 수 있다.

코드에서처럼 엑셀에서 정의된 Product 데이터를 LpVariabe.dicts() 함수에서 바로 사용할 수 있다.

이제 목적식을 정의를 위해 각 제품의 이익데이터를 입력해보자. 아래 그림처럼 Edit Data 메뉴를 클릭하고 Data Items Editor 창을 연다. Name 항목에 Profit이라고 입력하고 Cell Range

는 C3:C4를 입력한다(마우스 드래그로 설정해도 된다). 이때 Index Range는 Product으로 입력한다(마우스 드래그로 설정해도 된다). 이제 각 제품 x, y에 대한 이익값이 Profit 이라는 이름으로 정의되었다.

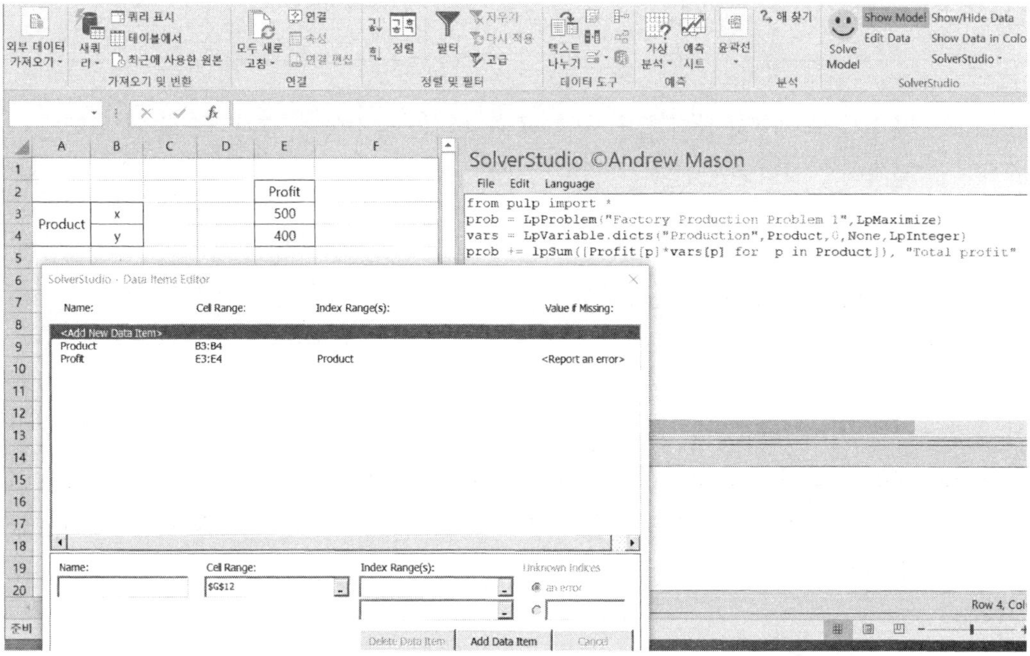

엑셀을 사용하지 않은 기존 Python코드에서는 목적식을 아래과 같이 정의하였다.

```
prob += 500*x+400*y, "Total profit"
```

이제 엑셀에서 정의된 배열변수를 이용하여 아래와 같이 정의될 수 있다.

```
prob += lpSum( [Profit[p]*vars[p] for p in Product] ) , "Total profit"
```

위 코드에서 [Profit[p]*vars[p] for p in Product] 코드는 아래와 같이 2개 제품에 대한 이익과 생산량변수의 곱을 표현한다.

500*Production_x	400*Production_y

lpSum() 함수는 2개 이상의 값의 합을 구할 때 사용되는 함수이며, 결과적으로 위 코드는 아래와 같은 목적식을 정의하게 된다.

```
500*Production_x + 400*Production_y
```

각 부품의 재고량(Inventory)과 제품별 사용량(Require)를 정의하면 아래와 같다. Profit과 마찬가지로 Name, Cell Range, Index Range를 입력한다. 2차원 데이터일 경우 Index Range에서 첫 번째 줄은 행인덱스를 설정하고 두 번째 줄은 열인덱스를 설정한다. Material 은 A, B 부품 이름을 저장하는 집합변수이다.

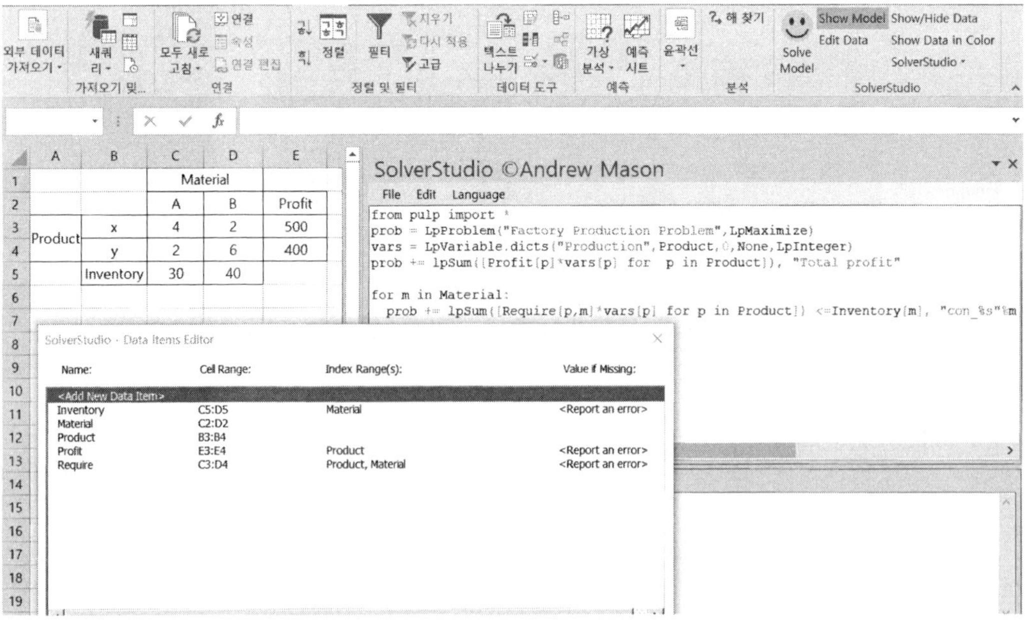

부품(Material)은 A, B 두가지가 있으므로 반복문을 이용하여 각 부품(m)에 대하여 아래와 같은 코드로 제약식이 추가된다.

```
for m in Material:
    prob += lpSum( [Require[p,m]*vars[p] for p in Product] ) <= Inventory[m]
```

위 코드에서 [Require[p, m]*vars[p] for p in Product] 식은 아래와 같은 배열을 의미한다.

m="A"	4*Production_x	2*Production_y
m="B"	2*Production_x	6*Production_y

lpSum()함수는 배열의 합을 계산하므로 결과적으로 lpSum([Require[p, m]*vars[p] for p in Product]) <=Inventory[m] 제약식은 아래와 같은 식을 의미한다.

m="A"	4*Production_x + 2*Production_y <= 30
m="B"	2*Production_x + 6*Production_y <= 40

콤마로 구분된 오른쪽 문자열에 제약식 이름을 지정할 수 있다. "con_%s"%m 코드에서 %s 위치에 부품 m의 문자열이 표시되어 제약식 이름으로 con_A, con_B라는 문자열이 사용될 수 있다. 제약식 이름은 생략할 수 있다.

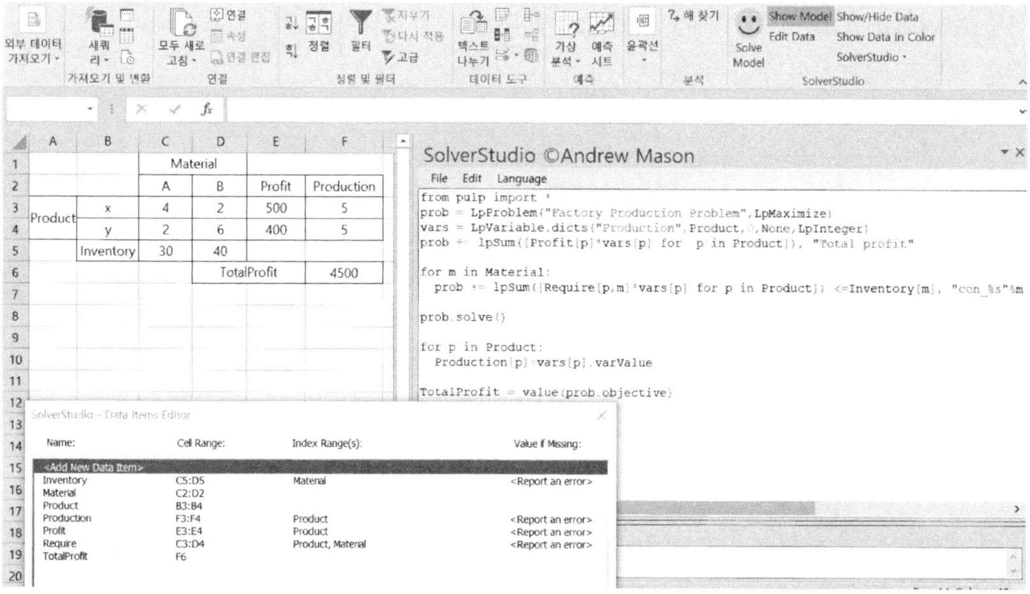

Production 집합변수와 TotalProfit 셀변수를 정의하고 아래 코드를 이용하여 최적화 문제를 푼다.

```
prob.solve()
```

또한 아래 코드를 이용하여 변수값과 목적값을 엑셀시트에 표시한다.

```
for p in Product:
  Production[p]=vars[p].varValue

TotalProfit = value(prob.objective)
```

varValue는 모델변수의 결과값을 저장하는 속성이고, 엑셀시트에 정의된 Production 셀배열에 값을 넘겨주었다. 위 그림에서 결과값은 x = 5, y = 5가 입력된 것을 확인할 수 있다. objective는 목적식의 결과값을 저장하는 속성이고, 엑셀시트에 정의된 TotalProfit 셀변수에 값을 넘겨주게 된다. 위 그림에서 4500이 입력된 것을 확인할 수 있다.

4

서비스운영관리 선형계획법 응용

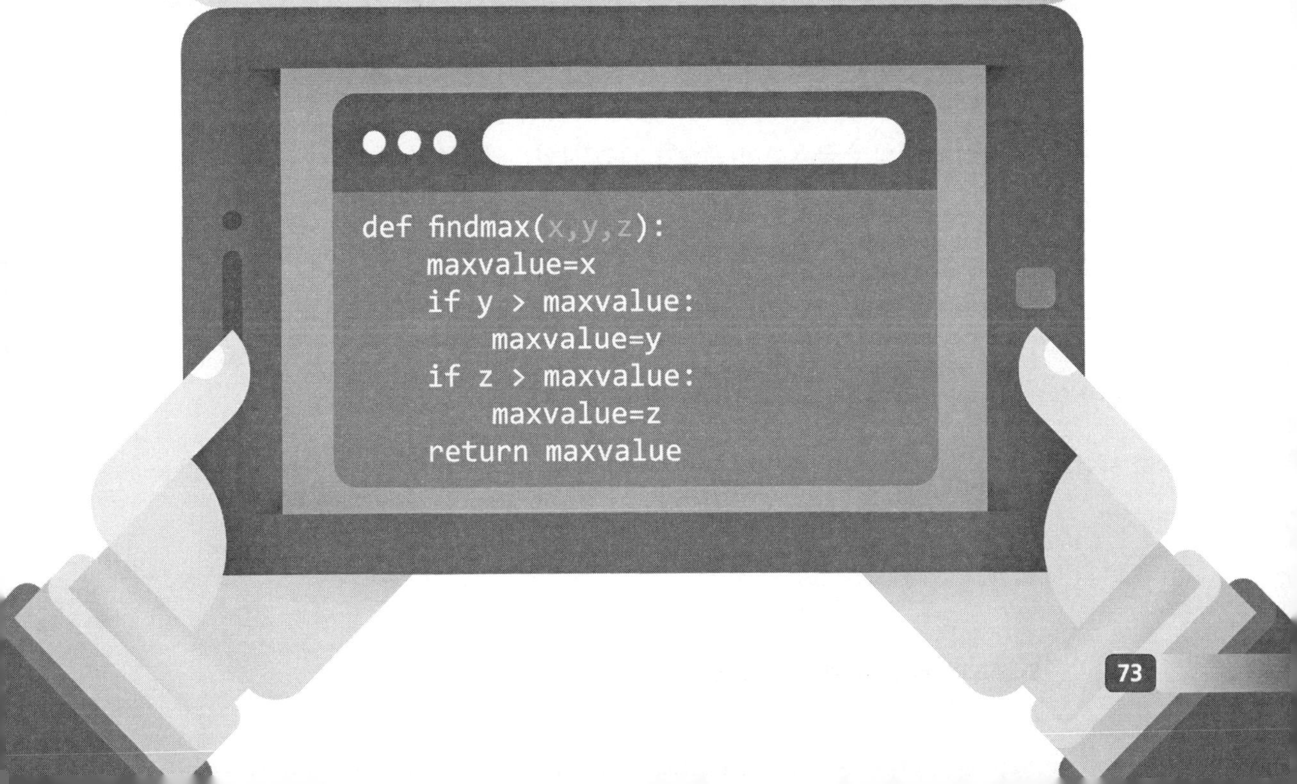

4.1 사업운영

기업에서 장기적인 사업운영을 계획하거나 투자를 선택할 때 미래 현금흐름을 고려해야 한다. 현재 5가지 사업에 대한 적절한 선택을 해야 한다고 생각해 보자. 최적 목적은 5년차에 회사가 보유한 현금이 최대가 되도록 해야 한다. 각 사업은 5년 동안 아래와 같은 투자(Invest)와 수익(Profit) 흐름을 가지고 있다. 예산(Budget)은 각 년도에 회사에서 운용할 수 있는 자금이다.

	A	B	C	D	E	F	G	H
1		(단위, 천원)	Peroid					
2		Business	1	2	3	4	5	Choice
3	Invest	A	555,000	-	527,000	-	-	0
4		B	-	-	-	410,000	-	1
5		C	412,000	-	442,000	-	-	1
6		D	469,000	-	394,000	280,000	-	0
7		E	161,000	409,000	-	-	-	1
8	Profit	A	-	-	-	-	1,461,000	
9		B	-	937,000	803,000	-	767,000	
10		C	-	936,000	-	393,000	1,655,000	
11		D	-	898,000	-	-	1,903,000	
12		E	-	-	963,000	158,000	1,338,000	
13		Budget	1,038,000	266,000	886,000	449,000	449,000	
14		CashFlow	465,000	2,195,000	4,405,000	4,995,000	9,204,000	

위 표에서 회색으로 표현된 셀들은 변경 불가능한 주어진 데이터를 의미한다. 굵은 테두리 셀은 의사결정변수을 의미한다. 사업을 선택하게 되면 각 년도의 현금흐름(CashFlow)를 계산할 수 있는데 각 년도의 현금흐름이 음수가 되면 사업운영이 불가능하기 때문에 항상 0보다 커야 한다.

위 문제를 선형계획법으로 모델링 해보자.

(1) 변수

각 사업의 선택여부를 나타내는 5개 변수를 정의하자. 변수값은 0 혹은 1인 이진변수이다.

a, b, c, d, e

(2) 목적식

각 년도의 현금흐름을 c_i라고 정의한다면, 목적식은 다음과 같이 5년차 현금을 최대로 하는 것이다.

Maximize c_5

(3) 제약식

1차년도 현금흐름은 다음 식으로 구할 수 있다.

예산금액 + 1차년도 수익금액 − 1차년도 투자금액

2~5차년도 현금흐름은 다음 식으로 구할 수 있다. (전년도 현금 활용 가능)

전년도현금 + t차년도 예산금액 + t차년도 수익금액 − t차년도 투자금액

수학식으로 표현하면 다음과 같다.

$c_1 = 1{,}038{,}000 + (0*a + 0*b + 0*c + 0*d + 0*e)$
$\quad - (555{,}000*a + 0*b + 412{,}000*c + 469{,}000*d + 161{,}000*e)$

$c_2 = c1 + 266{,}000 + (0*a + 937{,}000*b + 936{,}000*c + 898{,}000*d + 0*e)$
$\quad - (0*a + 0*b + 0*c + 0*d + 409{,}000*e)$

$c_3 = c2 + 886{,}000 + (0*a + 803{,}000*b + 0*c + 0*d + 963{,}000*e)$
$\quad - (527{,}000*a + 0*b + 442{,}000*c + 394{,}000*d + 0*e)$

$c_4 = c3 + 449{,}000 + (0*a + 0*b + 393{,}000*c + 0*d + 158{,}000*e)$
$\quad - (0*a + 410{,}000*b + 0*c + 280{,}000*d + 0*e)$

$c_5 = c4 + 449{,}000 + (1{,}461{,}000*a + 767{,}000*b + 1{,}655{,}000*c + 1{,}903{,}000*d$
$\quad + 1{,}338{,}000*e) - (0*a + 0*b + 0*c + 0*d + 0*e)$

각 년도의 현금흐름은 0보다 커야 하기 때문에 아래 제약이 필요하다.

$c_t \geqq 0, t = 1\sim5$

위 문제를 컴퓨터로 풀기 위하여 엑셀과 Python을 사용하여 모델링 해보자. 아래 그림처럼 SolverStudio Data Items Editor를 열어서 데이터를 설정한다. Index Range가 없는 데이터는 사업이름과 기간을 나타내는 인덱스이며 나머지 데이터는 인덱스가 있고 문제에서 주어지는 값이다. Choice와 CashFlow 는 문제를 풀고 나서 가져오는 결과값이다.

	A	B	C	D	E	F	G	H
1		(단위, 천원)	Peroid					
2		Business	1	2	3	4	5	Choice
3	Invest	A	555,000	-	527,000	-	-	
4		B	-	-	-	410,000	-	
5		C	412,000	-	442,000	-	-	
6		D	469,000	-	394,000	280,000	-	
7		E	161,000	409,000	-	-	-	
8	Profit	A	-	-	-	-	1,461,000	
9		B	-	937,000	803,000	-	767,000	
10		C	-	936,000	-	393,000	1,655,000	
11		D	-	898,000	-	-	1,903,000	
12		E	-	-	963,000	158,000	1,338,000	
13		Budget	1,038,000	266,000	886,000	449,000	449,000	
14		CashFlow						

SolverStudio - Data Items Editor

Name:	Cell Range:	Index Range(s):
<Add New Data Item>		
Budget	C13:G13	Period
Business	B3:B7	
CashFlow	C14:G14	Period
Choice	H3:H7	Business
Invest	C3:G7	Business, Period
Period	C2:G2	
Profit	C8:G12	Business, Period

위 문제를 풀기 위한 Python 전체 코드는 다음과 같다.

```
from pulp import *
prob = LpProblem('Business Plan',LpMaximize)

choice_var = LpVariable.dicts('Choice',Business,0,1,LpInteger)
cash_var = LpVariable.dicts('CashFlow',Period,0,None)
prob += cash_var[5]
```

```
for t in Period:
 prob += cash_var[t] >=0
 if t==1:
 prob += Budget[t] \
 +lpSum([Profit[b,t]*choice_var[b] for b in Business]) \
 - lpSum([Invest[b,t]*choice_var[b] for b in Business])==cash_var[t]
 else:
 prob += cash_var[t-1] \
 +Budget[t]+lpSum([Profit[b,t]*choice_var[b] for b in Business]) \
 - lpSum([Invest[b,t]*choice_var[b] for b in Business])==cash_var[t]

prob.solve()

for t in Period:
 CashFlow[t]=cash_var[t].varValue

for b in Business:
 Choice[b]=choice_var[b].varValue
```

위 목적식과 제약식 코드의 세부 설명은 다음과 같다.

코드	prob = LpProblem('Business Plan',LpMaximize)
설명	최초 최대화 문제를 정의한다.

코드	choice_var = LpVariable.dicts('Choice',Business,0,1,LpInteger)
설명	Business에 저장되어 있는 사업이름 A, B, C, D, E를 이용하여 사업선택 여부를 결정하는 변수 5개를 정의한다. 이진변수이기 때문에 최소값은 0, 최대값은 1이다.

코드	cash_var = LpVariable.dicts('CashFlow',Period,0,None)
설명	선택여부가 결정되면 각 년도별 현금흐름이 계산되어 지는데 이를 표현하는 변수 5개를 cash_var로 정의한다. 실제 계산방법은 제약식에서 등식으로 표현된다.

코드	prob += cash_var[5]
설명	목적은 마지막 년도의 현금흐름을 최대화하는 것이므로, 위 코드와 같이 5번째 cash_var 변수를 목적식으로 등록한다.

<table>
<tr><td>코드</td><td>

```
for t in Period:
 prob += cash_var[t] >=0
 if t==1:
 # 1차년도 cash_var를 구하는 제약식
 else:
 # t차년도 cash_var를 구하는 제약식
```

</td></tr>
<tr><td>설명</td><td>
각 년도별 cash_var를 구하는 제약식을 생성한다. "\" 기호는 한 줄에 작성된 코드를 여러 줄로 나누어 주는 역할을 한다. 위 제약식에서 cash_var 변수가 음수가 되지 않도록 하는 제약식은 다음과 같다.

prob += cash_var[t] >=0

1차년도의 carh_var[1]을 구하는 식은 아래와 같이 구한다.

1차년도 예산금액 + 1차년도 수익금액 − 1차년도 투자금액

나머지 년도의 carh_var[t] 을 구하는 식은 아래와 같이 구한다.

carh_var[t − 1] + t차년도 예산금액 + t차년도 수익금액 − t차년도 투자금액
</td></tr>
</table>

각 년도의 수익금액, 투자금액에 대한 코드는 다음에 설명한다.

<table>
<tr><td>코드</td><td>

```
prob += cash_var[t-1] \
 + Budget[t]+lpSum([Profit[b,t]*choice_var[b] for b in Business]) \
 - lpSum([Invest[b,t]*choice_var[b] for b in Business])==cash_var[t]
```

</td></tr>
<tr><td>설명</td><td>각 년도별 현금(cash_var)은 "전년도현금 + 예산금액 + 수익금액 − 투자금액" 식으로 구할 수 있는데 여기서 각 년도의 수익금액(Total Profit)과 투자금액(Total Invest)을 계산하기 위하여 lpSum() 함수를 사용하였다. 먼저 수익금액을 계산하는 lpSum() 함수는 다음과 같다.</td></tr>
</table>

설명	`lpSum([Profit[b,t]*choice_var[b] for b in Business])`
	
	lpSum() 내부코드 [Profit[b,t]*choice_var[b] for b in Business]는 아래와 같은 배열을 나타낸다.
	
	`Profit['A',t]*choice_var['A'],`
	`Profit['B',t]*choice_var['B'],`
	`Profit['C',t]*choice_var['C'],`
	`Profit['D',t]*choice_var['D'],`
	`Profit['E',t]*choice_var['E']`
	
	결과적으로 lpSum() 코드는 특정 년도의 수익 배열과 선택변수 배열의 곱의 합을 구하게 되어 특정 년도의 총수익금액을 계산해준다.
	
	마찬가지로 특정 년도의 총투자액은 똑같은 원리로 아래 식으로 구할 수 있다.
	
	`lpSum([Invest[b,t]*choice_var[b] for b in Business])`

코드	`prob.solve()`
	`for t in Period:`
	`CashFlow[t]=cash_var[t].varValue`

설명	prob.solve() 코드로 문제를 풀고 위 코드를 이용하여 풀이결과로 만들어진 각 년도별 현금을 엑셀에 표시한다.

코드	`for b in Business:` `Choice[b]=choice_var[b].varValue`
설명	각 사업의 선택여부는 위와 같은 코드를 사용하여 엑셀에 표현된다.

최종 풀이 결과는 다음과 같다. B, C, E 사업을 진행하는 것이 5년 이후 가장 수익을 최대화할 수 있는 방법이다.

	A	B	C	D	E	F	G	H
1		(단위, 천원)	Peroid					
2		Business	1	2	3	4	5	Choice
3	Invest	A	555,000	-	527,000	-	-	0
4		B	-	-	-	410,000	-	1
5		C	412,000	-	442,000	-	-	1
6		D	469,000	-	394,000	280,000	-	0
7		E	161,000	409,000	-	-	-	1
8	Profit	A	-	-	-	-	1,461,000	
9		B	-	937,000	803,000	-	767,000	
10		C	-	936,000	-	393,000	1,655,000	
11		D	-	898,000	-	-	1,903,000	
12		E	-	-	963,000	158,000	1,338,000	
13		Budget	1,038,000	266,000	886,000	449,000	449,000	
14		CashFlow	465,000	2,195,000	4,405,000	4,995,000	9,204,000	

4.2 구매관리

유통기업은 잘 팔릴 상품을 저렴하게 구매하여 고객에게 판매하는 것이 목적이고, 서비스기업은 필요한 장비, 재료 등을 저렴하게 구매하여 서비스를 제공하는 것이 목적이라고 볼 수 있다. 그러므로 구매관리에서는 대부분 정해진 조건을 만족하는 품목을 저렴하게 구매하는 방법을 찾는 문제가 많다. 아래 문제에서는 헬스클럽에서 고객서비스를 위한 TV 구매 계획을 다루고 있다. 현재 48인치 모델과 32인치 모델을 고려하고 있으며, 가격은 260만원과 140만원이다. 48인치를 설치할 경우 2.3m^2 공간이 필요하고, 32인치모델은 1.8m^2 공간이 필요하다. 현재 헬스클럽에 설치할 수 있는 공간은 최대 40m^{2}이다. 48인치 모델은 8명 정도가 동시 시청 가능하고, 32인치 모델은 5명의 고객이 동시 시청 가능한 것으로 측정되었다. 클럽 관리자는 125명 이상의 고객이 불편함 없이 운동하면서 시청하도록 TV를 설치하려고 한다. 구매비용을 최소화하는 구매방법을 구해보자.

선형계획법 모델은 다음과 같다.

(1) 변수:

x_{48}: 48인치 구매수

x_{32}: 32인치 구매수

두 변수 모두 정수로 표현

(2) 목적: 구매비용 최소화

$260*x_{48} + 140*x_{32}$

(3) 제약

(시청고객수 만족) $8*x_{48} + 5*x_{32} \geqq 125$

(설치공간 만족) $2.3*x_{48} + 1.8*x_{32} \leqq 40$

아래와 같이 엑셀 셀에 데이터를 정의한다.

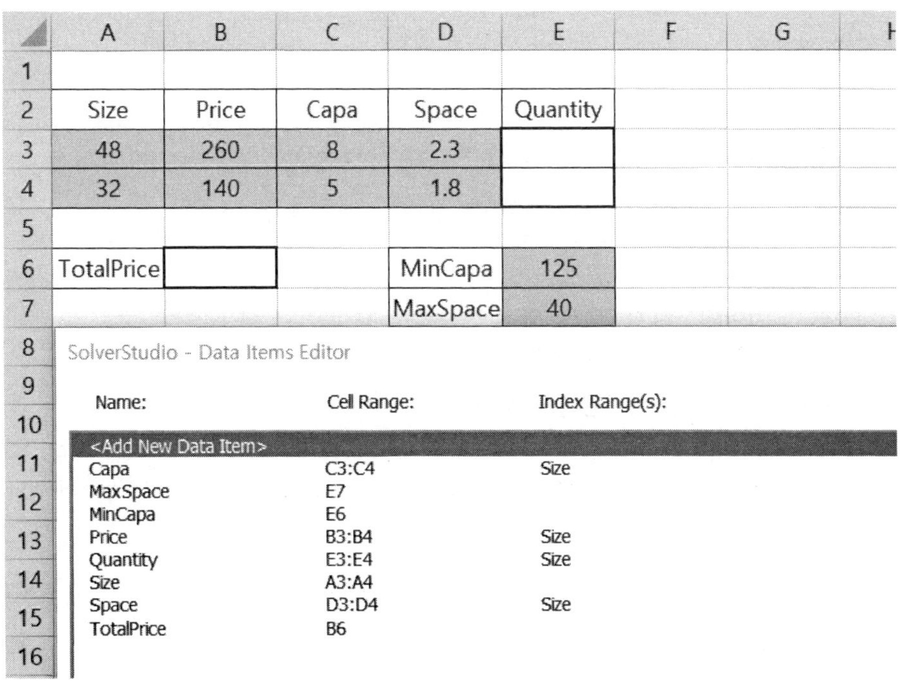

Python 전체 코드는 다음과 같다.

```
from pulp import *
prob = LpProblem('Purchase Plan',LpMinimize)
vars = LpVariable.dicts('X',Size,0,None,LpInteger)

prob += lpSum([Price[s]*vars[s] for s in Size])

prob += lpSum([Capa[s]*vars[s] for s in Size]) >= MinCapa
prob += lpSum([Space[s]*vars[s] for s in Size]) <= MaxSpace

prob.solve()

for s in Size:
 Quantity[s]=vars[s].varValue

TotalPrice=value(prob.objective)
```

위 목적식과 제약식 코드의 세부 설명은 다음과 같다.

코드	`prob += lpSum([Price[s]*vars[s] for s in Size])`
설명	가격(Price)과 구매변수(vars)의 곱을 최소화하는 목적식을 정의한다.

코드	`prob += lpSum([Capa[s]*vars[s] for s in Size]) >= MinCapa` `prob += lpSum([Space[s]*vars[s] for s in Size]) <= MaxSpace`
설명	구매변수로 결정되는 시청효과와 사용면적에 대한 제약식을 정의한다. 시청가능수(Capa)와 구매변수의 내적은 MinCapa(시청고객수 최소값)보다 커야하고, 설치공간(Space)와 구매변수의 내적은 MaxSpace(사용가능공간의 최대값)보다 작아야 한다.

최적 구매 계획은 아래와 같이 48인치 10대, 32인 9대를 구매하여 설치하는 것이다. 총설치비용은 3,860 만원이다.

	A	B	C	D	E
1					
2	Size	Price	Capa	Space	Quantity
3	48	260	8	2.3	10
4	32	140	5	1.8	9
5					
6	TotalPrice	3,860		MinCapa	125
7				MaxSpace	40

4.3 인력채용계획

기업에서 서비스 제공은 대부분 인력에 의해서 제공되기 때문에 필요한 인력을 고용하고 운영하는 것이 가장 중요한 의사결정문제이다. 일반적으로 1년 동안의 인력고용계획을 만들고 월마다 정해진 인력을 어떻게 서비스 지점에 할당할 것이지 결정하는 운영계획을 만들게 된다.

아래 표는 1년 동안 E테마파크에서 필요한 서비스 시간의 월별 예측 값이다.

	1	2	3	4	5	6	7	8	9	10	11	12
SeviceTime	6,000	6,000	7,500	8,800	10,000	12,000	20,000	22,000	21,000	18,000	14,000	10,000

풀타임직원은 월 160시간의 서비스제공이 가능하고. 파트타임직원은 월 80시간의 서비스 제공이 가능하다. 새로운 직원을 고용하는 경우 1개월간 인턴기간을 거치고 직원이 되면 서비스제공이 가능하다. 인턴직원 1명에 대하여 월 50시간에 걸쳐 직원이 1: 1 실기 교육을 해야 한다. 풀타임직원은 월 평균 급여가 250만원이고 파트타임직원은 120만원을 받는다. 인턴직원은 월급여의 70%만 받는다고 한다. 또한 과거 자료에 의하면 풀타임직원 중 퇴사하는 비율은 매월 말에 약 6%에 이르고, 파트타임직원은 약 12%에 이른다고 한다. E테마파크는 앞으로 12개월 동안 최소비용으로 필요한 서비스시간에 대비하기 위해서 어떠한 고용계획(풀타임 & 파트타임)이 필요한지 선형계획법을 이용하여 모델링하려 한다. 현재 풀타임직원은 30명, 파트타임직원은 30명이다.

위 문제의 선형계획법 수학식은 아래와 같다.

(1) 변수

$e1_m$: m월에 고용되는 풀타임직원수
$e2_m$: m월에 고용되는 파트타임직원수

(2) 목적식

목적식은 총임금을 최소화하는 것인데, 총임금은 아래와 같이 구할 수 있다.

총임금 = 풀타임 급여 + 파트타임 급여 + 풀타임 인턴급여 + 파트타임 인턴급여

수학식으로 표현하면 다음과 같다. 인턴직원 급여의 70%를 받으므로 정상급여에 0.7을 곱했다.

$$250 \sum_{m=1}^{12} w1_m + 120 \sum_{m=1}^{12} w2_m + 250*0.7 \sum_{m=1}^{12} e1_m + 120*0.7 \sum_{m=1}^{12} e2_m$$

$w1_m$: m월의 풀타임직원수
$w2_m$: m월의 파트타임직원수

(3) 제약식

m월의 풀타임직원수는 [전달에 넘어온 직원수(퇴사고려) + 전달 신규채용인원수] 형태로 구할 수 있다. 수식으로 표현하면 아래와 같다. 첫 달은 현재 직원수로 시작한다.

$w1_1 = 30$
$w1_m = 0.94*w1_{m-1} + e1_{m-1}, m = 2\sim12$

마찬가지로 m월의 파트타임 직원수는 아래와 같이 구할 수 있다.

$w2_1 = 30$
$w2_m = 0.88*w2_{m-1} + e2_{m-1}, m = 2\sim12$

m월의 서비스 가능 시간을 c_m, 필요시간을 d_m이라고 정의하면 서비스 수요량을 만족시키기 위한 제약은 다음과 같다.

$c_m \geqq d_m$, m = 1~12

c_m은 아래와 같이 구할 수 있다. 전체시간에서 인턴교육시간을 빼주어야 한다.

$$c_m = w1_m*160 + w2_m*80 - (e1_m + e2_m)*50, m = 1\sim12$$

위 문제를 컴퓨터로 풀기 위해 아래와 같이 데이터를 정의한다.

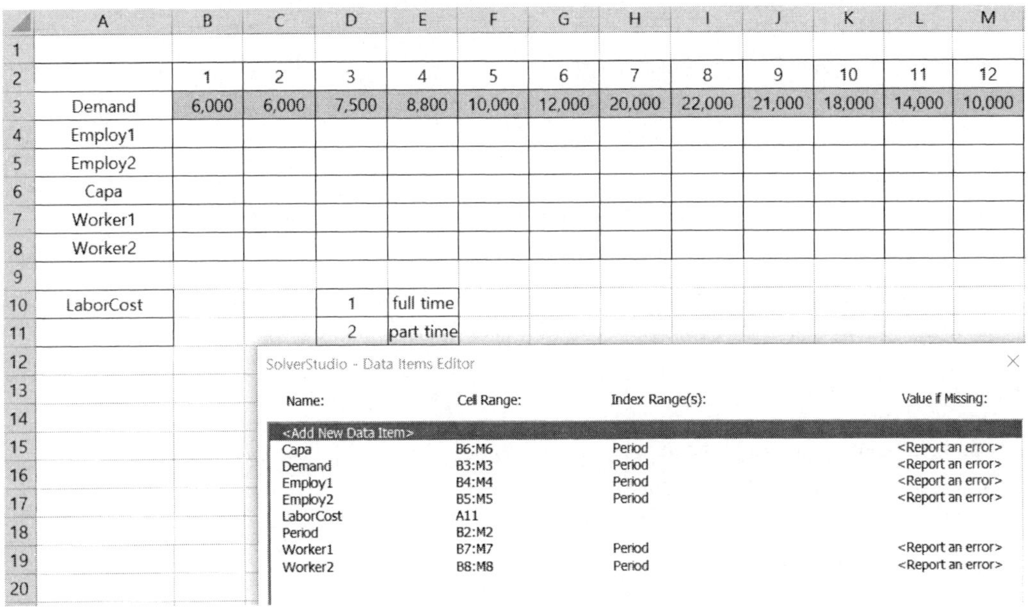

Python 전체 코드는 다음과 같다.

```
from pulp import *
prob = LpProblem('Employ Plan',LpMinimize)
e1_vars = LpVariable.dicts('E1',Period,0,None,LpInteger)
e2_vars = LpVariable.dicts('E2',Period,0,None,LpInteger)
w1_vars = LpVariable.dicts('W1',Period,0,None)
w2_vars = LpVariable.dicts('W2',Period,0,None)
capa_vars=LpVariable.dicts('C',Period,0,None)

prob += lpSum(e1_vars)*250*0.7 + lpSum(e2_vars)*120*0.7 \
 +lpSum(w1_vars)*250 + lpSum(w2_vars)*120
```

```
for m in Period:
 if m==1:
 prob += w1_vars[1]==30
 prob += w2_vars[1]==30
 else:
 prob += w1_vars[m]==w1_vars[m-1]*0.94+e1_vars[m-1]
 prob += w2_vars[m]==w2_vars[m-1]*0.88+e2_vars[m-1]

 prob += capa_vars[m]==w1_vars[m]*160+w2_vars[m]*80 \
  - (e1_vars[m]+e2_vars[m])*50
 prob += capa_vars[m] >= Demand[m]

prob.solve()

print "Status:", LpStatus[prob.status]

for m in Period:
 Employ1[m]=e1_vars[m].varValue
 Employ2[m]=e2_vars[m].varValue
 Worker1[m]=w1_vars[m].varValue
 Worker2[m]=w2_vars[m].varValue
 Capa[m]=capa_vars[m].varValue

LaborCost=value(prob.objective)
```

위 목적식과 제약식 코드의 세부 설명은 다음과 같다.

코드	`e1_vars = LpVariable.dicts('E1',Period,0,None,LpInteger)` `e2_vars = LpVariable.dicts('E2',Period,0,None,LpInteger)`
설명	문제의 실제 의사결정변수는 e1_vars(풀타임고용수)와 e2_vars(파트타임고용수)이다.

코드	`w1_vars = LpVariable.dicts('W1',Period,0,None)`
	`w2_vars = LpVariable.dicts('W2',Period,0,None)`
	`capa_vars=LpVariable.dicts('C',Period,0,None)`

설명	w1_vars, w2_vars, capa_vars 변수는 모델을 쉽게 표현하기 위한 편의 변수이다. 편의 변수는 실수형태로 계산될 수 있기 때문에 정수로 표현되면 안된다. 그러므로 LpInteger가 사용되지 않았다. 계산되는 수식은 제약식으로 표현된다.

코드

```
prob += lpSum(e1_vars)*250*0.7 + lpSum(e2_vars)*120*0.7 \
 +lpSum(w1_vars)*250 + lpSum(w2_vars)*120
```

설명

목적식은 변수의 합에 급여의 곱을 계산해야 하기 때문에 lpSum() 함수를 사용하였다.

코드

```
for m in Period:
 if m==1:
 prob += w1_vars[1]==30
 prob += w2_vars[1]==30
 else:
 prob += w1_vars[m]==w1_vars[m-1]*0.94+e1_vars[m-1]
 prob += w2_vars[m]==w2_vars[m-1]*0.88+e2_vars[m-1]

 prob += capa_vars[m]==w1_vars[m]*160+w2_vars[m]*80 \
  - (e1_vars[m]+e2_vars[m])*50
 prob += capa_vars[m] >= Demand[m]
```

설명

제약식에서는 기간별 직원수(w1_vars, w2_vars)와 서비스가능시간(capa_vars)을 구하기 위한 식을 제약식으로 표현하였다. 또한 아래와 같이 마지막에 서비스가능시간이 필요한 시간보다 크도록 제약을 추가하였다.

```
capa_vars[m] >= Demand[m]
```

코드

```
print "Status:", LpStatus[prob.status]
```

설명

현재해가 최적해인지 확인하기 위해서 LpStatus[prob.status] 값을 출력했다. 문제가 정상적으로 풀린 경우 Model Output 화면에 "Status: Optimal"이 출력된다.

코드

```
for m in Period:
   Employ1[m]=e1_vars[m].varValue
   Employ2[m]=e2_vars[m].varValue
   Worker1[m]=w1_vars[m].varValue
   Worker2[m]=w2_vars[m].varValue
   Capa[m]=capa_vars[m].varValue
```

설명 마지막 부분에서는 최적해를 엑셀 시트에 표현하기 위해 위와 같이 엑셀데이터와 모델 변수 값을 연결하는 코드를 사용하였다.

최적해는 다음과 같다. 2~5월에는 풀타임직원을 많이 채용하고, 6~7월에 파트타임직원을 채용하는 것이 인건비를 최소화하는 방법임을 알 수 있다.

	1	2	3	4	5	6	7	8	9	10	11	12
Demand	6,000	6,000	7,500	8,800	10,000	12,000	20,000	22,000	21,000	18,000	14,000	10,000
Employ1	0	13	11	17	26	5	1	0	0	0	0	0
Employ2	1	0	4	1	10	74	30	7	0	0	0	0
Capa	7,150	6,054	7,500	8,819	10,015	12,005	20,022	22,004	21,003	19,208	17,585	16,116
Worker1	30	28.2	39.508	48.138	62.249	84.514	84.443	80.377	75.554	71.021	66.76	62.754
Worker2	30	27.4	24.112	25.219	23.192	30.409	100.76	118.67	111.43	98.057	86.29	75.936
LaborCost			1	full time								
296,999			2	part time								

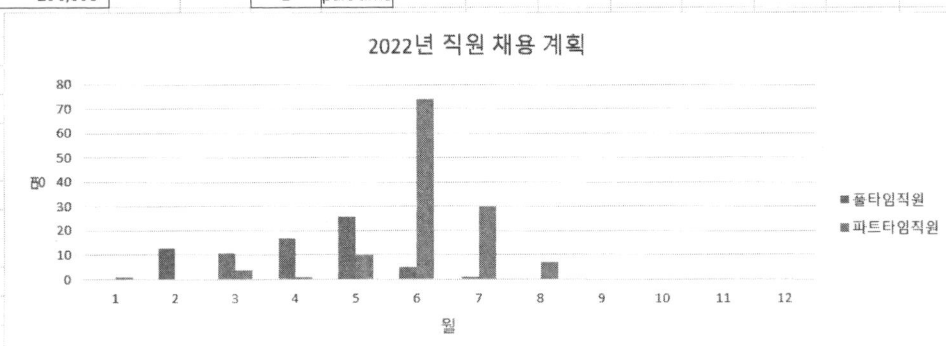

4.4 직원할당스케줄

이번에는 채용된 인력을 이용하여 각 서비스 매장에 근무를 할당하는 문제를 다루어 보자. E 테마마크의 10개 매장(식당, 기념품, 놀이시설)의 시간대별로 필요한 직원 수는 아래와 같이 예측되었다고 한다. 고객 불만으로 생기는 손실이 각 매장마다 다르므로, 매장에서 각 Shift마다 인원이 1명 부족할 때 발생하는 비용이 부족비용으로 문제에서 제시되었다. 문제에서 총 매장은 10개이며, 근무시간대는 총 7개이며 shift로 표현되었다.

필요인력		근무시간							
		09~11	11~13	13~15	15~17	17~19	19~21	21~23	
		Shift 번호							
		1	2	3	4	5	6	7	부족비용
매장번호	1	1	4	2	2	1	1	2	5
	2	2	3	4	2	2	3	2	5
	3	3	3	4	4	4	2	3	4
	4	2	1	2	1	3	3	4	4
	5	3	4	1	2	2	1	1	3
	6	4	2	3	2	2	3	2	3
	7	4	4	1	2	2	4	2	2
	8	4	4	4	4	2	2	2	2
	9	3	3	3	1	3	1	3	2
	10	3	2	4	1	2	2	2	2

현재 풀타임 2가지 형태, 파트타임 6가지 형태로 근무를 한다. 각 직원의 근무 패턴과 가용 인원은 아래 표와 같다.

근무패턴		Shift 번호							
		1	2	3	4	5	6	7	가용인력
풀타임	1	1	1	1	1	0	0	0	19
	2	0	0	0	1	1	1	1	14
파트타임	3	1	1	0	0	0	0	0	6
	4	0	1	1	0	0	0	0	5
	5	0	0	1	1	0	0	0	4
	6	0	0	0	1	1	0	0	3
	7	0	0	0	0	1	1	0	4
	8	0	0	0	0	0	1	1	5

풀타임직원은 일 8시간 근무하고, 파트타임 직원은 일 4시간 근무한다. 현재 가용인력을 각 매장에 할당하는 계획을 작성해 보자. 목적은 전체 부족비용을 최소화하는 것이다.

아래와 같이 선형계획법 수학식으로 모델링 할 수 있다.

(1) 변수

$Hvar_{p,s}$: s 매장에 할당된 p근무유형 직원수
$Ovar_{s,t}$: s 매장, 시프트(t)의 초과 인력수
$Lvar_{s,t}$: s 매장, 시프트(t)의 부족 인력수
$s = 1 \ldots 10$, 매장번호
$p = 1 \ldots 8$, 근무유형 번호
$t = 1 \ldots 7$, 근무 시프트 번호

(2) 목적식

$$\text{각 매장의 시프트}(t)\text{별 부족비용 최소화} \sum_{s=1}^{10} \sum_{t=1}^{7} (Lvar_{s,t} * Cost_s)$$

$Cost_s$: s 매장 부족비용

(3) 제약식

Hvar 변수가 결정되면 각 매장(s)의 Shift(t)별 근무직원수 $S_{s,t}$를 아래 식을 이용하여 계산할 수 있다.

$$S_{s,t} = \sum_{p=1}^{8} W_{p,t} * Hvar_{p,s}$$

$W_{p,t}$는 p근무유형에서 t시간대의 근무여부를 나타내는 값이며 0 혹은 1값을 갖는다. 위 식을 이해하기 위하여 예를 들어 $S_{3,4}$ (3번 매장에서 4번 shift의 근무인력수)를 구한다고 생각해 보자. 3번 매장에서 근무하는 8개 패턴의 근무직원 변수 $Hvar_{p,3}$가 다음과 같이 정해졌다고 가정해 보자.

Hvar p,3		3번매장 근무인력 수
Pattern(p)	1	3
	2	3
	3	0
	4	0
	5	1
	6	1
	7	0
	8	0

W p,4		Shift 4
Pattern(p)	1	1
	2	1
	3	0
	4	0
	5	1
	6	1
	7	0
	8	0

$S_{3,4}$를 구하기 위해서는 위 8개의 패턴 근무에서 shift4에서 근무하는 직원 수를 구해야 하는데, $W_{p,4}$를 보면 위 그림에서 오른쪽과 같은 벡터로 표현된다. 그림에서 보는 바와 같이 실제 shift4에서 근무하게 될 직원은 1, 2, 5, 6 근무패턴이다. $W_{p,4}$는 0, 1로 구성된 데이터이므로 3번 매장근무인력수 $Hvar_{p,3}$와 Shift4번에서의 근무여부 벡터 $W_{p,4}$를 서로 곱하여 합하면, 3번 매장의 shift 4에서 총 몇 명이 근무하는지 계산할 수 있다. 결과적으로 아래와 같은 식으로 구할 수 있다.

$$3*1 + 3*1 + 1*1 + 1*1 = 8\text{명}$$

총 부족비용을 구하기 위해서는 필요인력 $D_{s,t}$와 근무직원수 $S_{s,t}$의 차이를 구하여 부족한 경우 매장의 부족비용을 곱하여 전체 비용을 구해야 한다. 그런데 $D_{s,t} - S_{s,t}$를 구하다 보면 음수가 나오는 경우($S_{s,t} > D_{s,t}$, 인력이 초과되는 경우)도 발생되기 때문에 정확한 비용 계산을 할 수가 없다. 이러한 경우를 극복하기 위해서 *Ovar*(초과변수), *Lvar*(부족변수)를 정의하고 아래와 같은 제약식을 만들면 Lvar 변수를 이용하여 부족비용을 계산할 수 있다.

$$S_{s,t} - D_{s,t} = Ovar_{s,t} - Lvar_{s,t}$$

변수는 항상 0보다 같거나 커야 하기 때문에(선형계획법 기본 가정) 인원초과가 발생하면 ($S_{s,t} > D_{s,t}$), *Ovar* 값은 양수가 되고 *Lvar*는 0이 될 것이다. 또한 인원이 부족하면($S_{s,t} < D_{s,t}$), *Ovar* 값은 0이 되고 *Lvar* 값이 양수가 되어 야 한다.

근무패턴별 가용인력이 정해져 있기 때문에 위 문제는 모든 패턴 p에 대하여 아래 제약식을 만족해야 한다.

$$\sum_{s=1}^{10} H_{s,p} \leqq A_p$$

A_p: 근무패턴 p의 가용인력

위 문제를 컴퓨터로 풀기 위해 아래와 같이 엑셀에서 데이터를 정의한다.

근무여부, W(p,t)		Shift(t) 1	2	3	4	5	6	7	A
Pattern(p)	1	1	1	1	1	0	0	0	19
	2	0	0	0	1	1	1	1	14
	3	1	1	0	0	0	0	0	6
	4	0	1	1	0	0	0	0	5
	5	0	0	1	1	0	0	0	4
	6	0	0	0	1	1	0	0	3
	7	0	0	0	0	1	1	0	4
	8	0	0	0	0	0	1	1	5

할당변수, H_var(p,s)		Shop(s) 1	2	3	4	5	6	7	8	9	10
Pattern(p)	1										
	2										
	3										
	4										
	5										
	6										
	7										
	8										

필요인력, D(s,t)		1	2	3	4	5	6	7	Cost
Shop(s)	1	1	4	2	2	1	1	2	5
	2	2	3	4	2	2	3	2	5
	3	3	3	4	4	4	2	3	4
	4	2	1	2	1	3	3	4	4
	5	3	4	1	2	2	1	1	3
	6	4	2	3	2	2	3	2	3
	7	4	4	1	2	2	4	2	2
	8	4	4	4	4	2	2	2	2
	9	3	3	3	1	3	1	3	2
	10	3	2	4	1	2	2	2	2

공급인력, S_var(s,t)		1	2	3	4	5	6	7
Shop(s)	1							
	2							
	3							
	4							
	5							
	6							
	7							
	8							
	9							
	10							

TotalCost

초과변수, O_var(s,t)		1	2	3	4	5	6	7
Shop(s)	1							
	2							
	3							
	4							
	5							
	6							
	7							
	8							
	9							
	10							

부족변수, L_var(s,t)		1	2	3	4	5	6	7
Shop(s)	1							
	2							
	3							
	4							
	5							
	6							
	7							
	8							
	9							
	10							

Name:	Cell Range:	Index Range(s):
<Add New Data Item>		
A	J3:J10	Pattern
Cost	J14:J23	Shop
D	C14:I23	Shop, Shift
H	N3:W10	Pattern, Shop
L	N27:T36	Shop, Shift
O	C27:I36	Shop, Shift
Pattern	B3:B10	
S	N14:T23	Shop, Shift
Shift	C2:I2	
Shop	B14:B23	
TotalCost	V15	
W	C3:I10	Pattern, Shift

Python 전체 코드는 다음과 같다.

```
from pulp import *
prob = LpProblem('Staff Scheduling',LpMinimize)
Hvars = LpVariable.dicts('H',(Pattern,Shop),0,None,LpInteger)

Svars = LpVariable.dicts('S',(Shop,Shift),0,None,LpInteger)
Ovars = LpVariable.dicts('O',(Shop,Shift),0,None,LpInteger)
Lvars = LpVariable.dicts('L',(Shop,Shift),0,None,LpInteger)

prob += lpSum([Lvars[s][t]*Cost[s] for s in Shop for t in Shift])

for p in Pattern:
   prob += lpSum([Hvars[p][s] for s in Shop]) <= A[p]

for s in Shop:
  for t in Shift:
     prob += lpSum([Hvars[p][s]*W[p,t] for p in Pattern])==Svars[s][t]
     prob += (Svars[s][t] - D[s,t])==Ovars[s][t]-Lvars[s][t]

prob.solve()
print "Status:", LpStatus[prob.status]

TotalCost=value(prob.objective)

for p in Pattern:
  for s in Shop:
     H[p,s]=Hvars[p][s].varValue

for s in Shop:
  for t in Shift:
     S[s,t]=Svars[s][t].varValue
     O[s,t]=Ovars[s][t].varValue
     L[s,t]=Lvars[s][t].varValue
```

수학 모델링과 Python 코드를 비교하며 분석해보자.

코드

```
lpSum([Lvars[s][t]*Cost[s] for s in Shop for t in Shift])
```

설명

목적식 $\sum_{s=1}^{10}\sum_{t=1}^{7}(Lvar_{s,t}*Cost_s)$은 모든 매장($s$)과 근무shift($t$)에서 부족인원과 부족비용을 곱하여 합하는 것이다. 모든 s, t에서 대해서 합을 구하기 위해 위와 같은 코드를 사용하였다.

코드

```
lpSum([Hvars[p][s]*W[p,t] for p in Pattern])==Svars[s][t]
```

설명

제약식 $\sum_{p=1}^{10} W_{p,t}*Hvar_{p,s}$은 매장($s$)과 근무기간($t$)에서의 근무인력수($Svars$)를 구하는 방법을 제시하는 제약으로 위와 같은 코드를 사용하여 표현하였다. W는 엑셀에서 정의된 근무 패턴 데이터이다.

코드

```
(Svars[s][t] - D[s,t])==Ovars[s][t]-Lvars[s][t]
```

설명

제약식 $S_{s,t} - D_{s,t} = Ovar_{s,t} - Lvar_{s,t}$은 매장($s$)과 근무기간($t$)에서 근무인력($S$), 필요인력($D$), 초과인력변수($Ovar$), 부족인력변수($Lvar$)의 관계를 설정하는 제약이다. 코드에서 위와 같이 표현되었다. D는 엑셀에서 정의된 수요 데이터이다.

코드

```
lpSum([Hvars[p][s] for s in Shop]) <= A[p]
```

설명

제약식 $\sum_{p=1}^{10} H_{s,p} \leq A_p$는 근무패턴별로 사용된 인력이 가용인력보다 같거나 작아야 하는 제약인데, 코드에서는 위와 같이 표현되었다.

코드

```
for p in Pattern:
  for s in Shop:
     H[p,s]=Hvars[p][s].varValue

for s in Shop:
  for t in Shift:
    S[s,t]=Svars[s][t].varValue
    O[s,t]=Ovars[s][t].varValue
    L[s,t]=Lvars[s][t].varValue
```

설명

마지막으로 최종변수값들은 엑셀에 표시하기 위하여 아래와 같은 유형의 코드를 사용하고 있다.

엑셀변수이름[행인덱스, 열인덱스] = 모델변수[행인덱스][열인덱스].varValue

위 문제의 최적해는 다음과 같다.

Shift(t)

근무여부, W(p,t)		1	2	3	4	5	6	7	A
Pattern(p)	1	1	1	1	1	0	0	0	19
	2	0	0	0	1	1	1	1	14
	3	1	1	0	0	0	0	0	6
	4	0	1	1	0	0	0	0	5
	5	0	0	1	1	0	0	0	4
	6	0	0	0	1	1	0	0	3
	7	0	0	0	0	1	1	0	4
	8	0	0	0	0	0	1	1	5

Shop(s)

할당변수, H_var(p,s)		1	2	3	4	5	6	7	8	9	10
Pattern(p)	1	1	2	3	2	0	2	1	4	3	1
	2	0	1	3	3	1	1	1	2	0	2
	3	1	0	0	0	3	0	2	0	0	0
	4	2	1	0	0	1	0	0	0	0	1
	5	0	1	1	0	0	1	0	0	0	1
	6	1	0	1	0	1	0	0	0	0	0
	7	0	1	0	0	0	1	1	0	1	0
	8	2	1	0	0	0	1	1	0	0	0

필요인력, D(s,t)		1	2	3	4	5	6	7	Cost
Shop(s)	1	1	4	2	2	1	1	2	5
	2	2	3	4	2	2	3	2	5
	3	3	3	4	4	4	2	3	4
	4	2	1	2	1	3	3	4	4
	5	3	4	1	2	2	1	1	3
	6	4	2	3	2	2	3	2	3
	7	4	4	1	2	2	4	2	2
	8	4	4	4	4	2	2	2	2
	9	3	3	3	1	3	1	3	2
	10	3	2	4	1	2	2	2	2

공급인력, S_var(s,t)		1	2	3	4	5	6	7
Shop(s)	1	2	4	3	2	1	2	2
	2	2	3	4	4	2	3	2
	3	3	3	4	8	4	3	3
	4	2	2	2	5	3	3	3
	5	3	4	1	2	2	1	1
	6	2	2	3	4	2	3	2
	7	3	3	1	2	2	3	2
	8	4	4	4	6	2	2	2
	9	3	3	3	3	1	1	0
	10	1	2	3	4	2	2	2

TotalCost: 32

초과변수, O_var(s,t)		1	2	3	4	5	6	7
Shop(s)	1	1	0	1	0	0	1	0
	2	0	0	0	2	0	0	0
	3	0	0	0	4	0	1	0
	4	0	1	0	4	0	0	0
	5	0	0	0	0	0	0	0
	6	0	0	0	2	0	0	0
	7	0	0	0	0	0	0	0
	8	0	0	0	2	0	0	0
	9	0	0	0	2	0	0	0
	10	0	0	0	3	0	0	0

부족변수, L_var(s,t)		1	2	3	4	5	6	7
Shop(s)	1	0	0	0	0	0	0	0
	2	0	0	0	0	0	0	0
	3	0	0	0	0	0	0	0
	4	0	0	0	0	0	0	1
	5	0	0	0	0	0	0	0
	6	2	0	0	0	0	0	0
	7	1	1	0	0	0	1	0
	8	0	0	0	0	0	0	0
	9	0	0	0	0	2	0	3
	10	2	0	1	0	0	0	0

결정된 할당변수를 보면 풀타임직원(패턴1, 2) 파트타임직원(패턴 3~8)의 매장별 배치 상황을 볼 수 있다. 풀티임직원은 필요인력이 비교적 많은 매장 3과 8에 많이 배치된 것을 볼 수 있다.

Shop(s)

할당변수, H_var(p,s)		1	2	3	4	5	6	7	8	9	10
Pattern(p)	1	1	2	3	2	0	2	1	4	3	1
	2	0	1	3	3	1	1	1	2	0	2
	3	1	0	0	0	3	0	2	0	0	0
	4	2	1	0	0	1	0	0	0	0	1
	5	0	1	1	0	0	1	0	0	0	1
	6	1	0	1	0	1	0	0	0	0	0
	7	0	1	0	0	0	1	1	0	1	0
	8	2	1	0	0	0	1	1	0	0	0

실제 부족량을 보면 부족비용이 비교적 작은 매장 9, 10에 많은 것을 확인할 수 있다.

부족변수, L_var(s,t)		1	2	3	4	5	6	7
Shop(s)	1	0	0	0	0	0	0	0
	2	0	0	0	0	0	0	0
	3	0	0	0	0	0	0	0
	4	0	0	0	0	0	0	1
	5	0	0	0	0	0	0	0
	6	2	0	0	0	0	0	0
	7	1	1	0	0	0	1	0
	8	0	0	0	0	0	0	0
	9	0	0	0	0	2	0	3
	10	2	0	1	0	0	0	0

4.5 투자계획문제

일반적으로 투자는 총 수익을 최대화하면서 손실에 대한 위험을 최소화하는 것이다. 아래와 같은 수익률과 위험점수가 주어진 투자문제를 생각해 보자.

투자대상	수익률	위험점수 (높을수록 불확실성이 큼)
투자대상1	7%	1.7
투자대상2	10%	1.2
투자대상3	19%	3.7
투자대상4	12%	2.4
투자대상5	8%	2.0
투자대상6	14%	2.9

총 100,000,000원을 투자하면서, 총 평균 위험점수가 2 이하이면서 기대수익을 최대화하는 투자계획을 작성하려고 한다. 위 문제를 풀기 위해서 선형계획법 수학식은 아래와 같이 작성할 수 있다.

(1) 변수정의

x_1: 대상1 투자 금액, x_2: 대상2 투자 금액, x_3: 대상3 투자 금액

x_4: 대상4 투자 금액, x_5: 대상6 투자 금액, x_6: 대상6 투자 금액

(2) 목적식 정의

투자 수익 금액을 합을 최대화

$0.07*x_1 + 0.1*x_2 + 0.19*x_3 + 0.12*x_4 + 0.08*x_5 + 0.14*x_6$

(3) 제약식 정의

(전체 투자 금액의 합 = 1억) $x_1 + x_2 + x_3 + x_4 + x_5 + x_6 = 100{,}000{,}000$

(평균 위험 점수는 2점 이하)

$$\frac{1.7*x_1 + 1.2*x_2 + 3.7*x_3 + 2.4*x_4 + 2*x_5 + 2.9*x_6}{x_1 + x_2 + x_3 + x_4 + x_5 + x_6} \leqq 2$$

위 식을 다시 쓰면 아래와 같은 선형식이 된다.

$$1.7*x_1 + 1.2*x_2 + 3.7*x_3 + 2.4*x_4 + 2*x_5 + 2.9*x_6 \leqq 2(x_1 + x_2 + x_3 + x_4 + x_5 + x_6)$$

아래와 같은 엑셀 데이터를 정의한다.

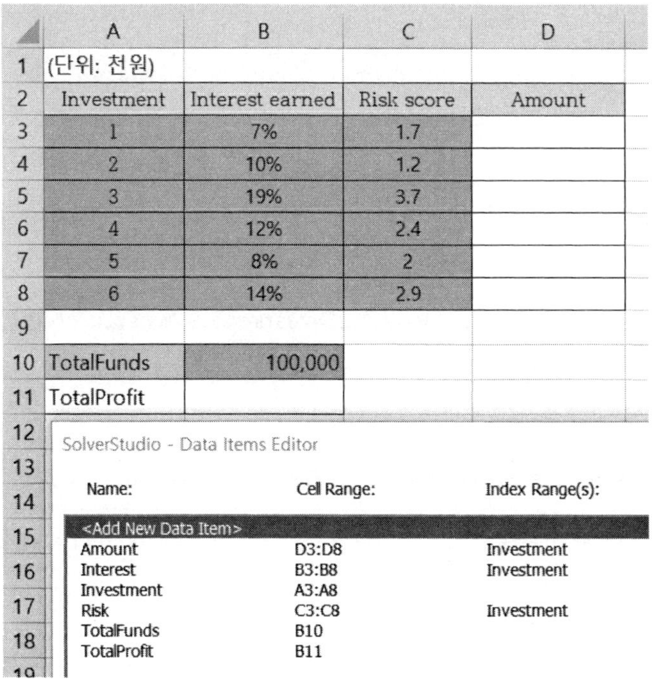

	A	B	C	D
1	(단위: 천원)			
2	Investment	Interest earned	Risk score	Amount
3	1	7%	1.7	
4	2	10%	1.2	
5	3	19%	3.7	
6	4	12%	2.4	
7	5	8%	2	
8	6	14%	2.9	
9				
10	TotalFunds	100,000		
11	TotalProfit			

SolverStudio - Data Items Editor

Name:	Cell Range:	Index Range(s):
<Add New Data Item>		
Amount	D3:D8	Investment
Interest	B3:B8	Investment
Investment	A3:A8	
Risk	C3:C8	Investment
TotalFunds	B10	
TotalProfit	B11	

투자대상을 지칭하는 번호는 Investment 라는 데이터로 정의되었다. 투자액변수(Amount), 수익률(Interest), 위험률(Risk)데이터는 Investment를 인덱스로 하여 정의되고 있다. 총투자금액은 TotalFunds, 총수익은 TotalProfit으로 지정했다.

Python 전체 코드는 다음과 같다.

```
from pulp import *
prob = LpProblem('Investment Plan',LpMaximize)

vars = LpVariable.dicts('Amount',Investment,0,None,LpInteger)

prob +=lpSum([Interest[i]*vars[i] for i in Investment])

prob +=lpSum([vars[i] for i in Investment])==TotalFunds
prob +=lpSum([Risk[i]*vars[i] for i in Investment]) \
       <= 2*lpSum([vars[i] for i in Investment])

prob.solve()

print "Status:", LpStatus[prob.status]

TotalProfit=value(prob.objective)
for i in Investment:
   Amount[i]=vars[i].varValue
```

Python 코드를 수학 모델링과 비교하여 분석해보자.

코드	vars = LpVariable.dicts('Amount',Investment,0,None,LpInteger)
설명	변수 vars는 LPVariable.dicts() 함수를 이용하여 Investment 데이터 개수만큼 생성된다.

코드	prob +=lpSum([Interest[i]*vars[i] for i in Investment])
설명	목적식은 변수와 수익률 곱의 전체합을 구하기 위하여 lpSum() 함수를 사용하였다.

코드	`prob +=lpSum([vars[i] for i in Investment])==TotalFunds`
설명	위 코드는 전체 변수의 합이 1억이 되도록 하는 제약식을 표현한다.

코드	`prob +=lpSum([Risk[i]*vars[i] for i in Investment]) \` `<= 2*lpSum([vars[i] for i in Investment])`
설명	위 코드는 평균 위험률 점수가 2 이하가 되도록 하는 제약이다. $1.7*x_1 + 1.2*x_2 + 3.7*x_3 + 2.4*x_4 + 2*x_5 + 2.9*x_6 \leqq 2(x_1 + x_2 + x_3 + x_4 + x_5 + x_6)$ 위 실제 제약식과 Python 코드를 비교하면 변수의 아래 첨자는 "for i in Investment(투자번호)" 형태의 코드로 표현되고 있음을 알 수 있으며 식의 합은 lpSum() 함수가 사용되었다.

코드	`TotalProfit=value(prob.objective)`
	`for i in Investment:`
	`  Amount[i]=vars[i].varValue`

설명	최종 수익과 최종 결정된 변수값은 위 코드에서 엑셀 시트의 TotalProfit과 Amount 데이터에 연결된다.

최적 투자계획은 2번에 68,000원, 3번에 32,000원을 투자하는 것이다.

	A	B	C	D
1	(단위: 천원)			
2	Investment	Interest earned	Risk score	Amount
3	1	7%	1.7	-
4	2	10%	1.2	68,000
5	3	19%	3.7	32,000
6	4	12%	2.4	-
7	5	8%	2	-
8	6	14%	2.9	-
9				
10	TotalFunds	100,000		
11	TotalProfit	12,880		

5

생산 및 물류관리 선형계획법 응용

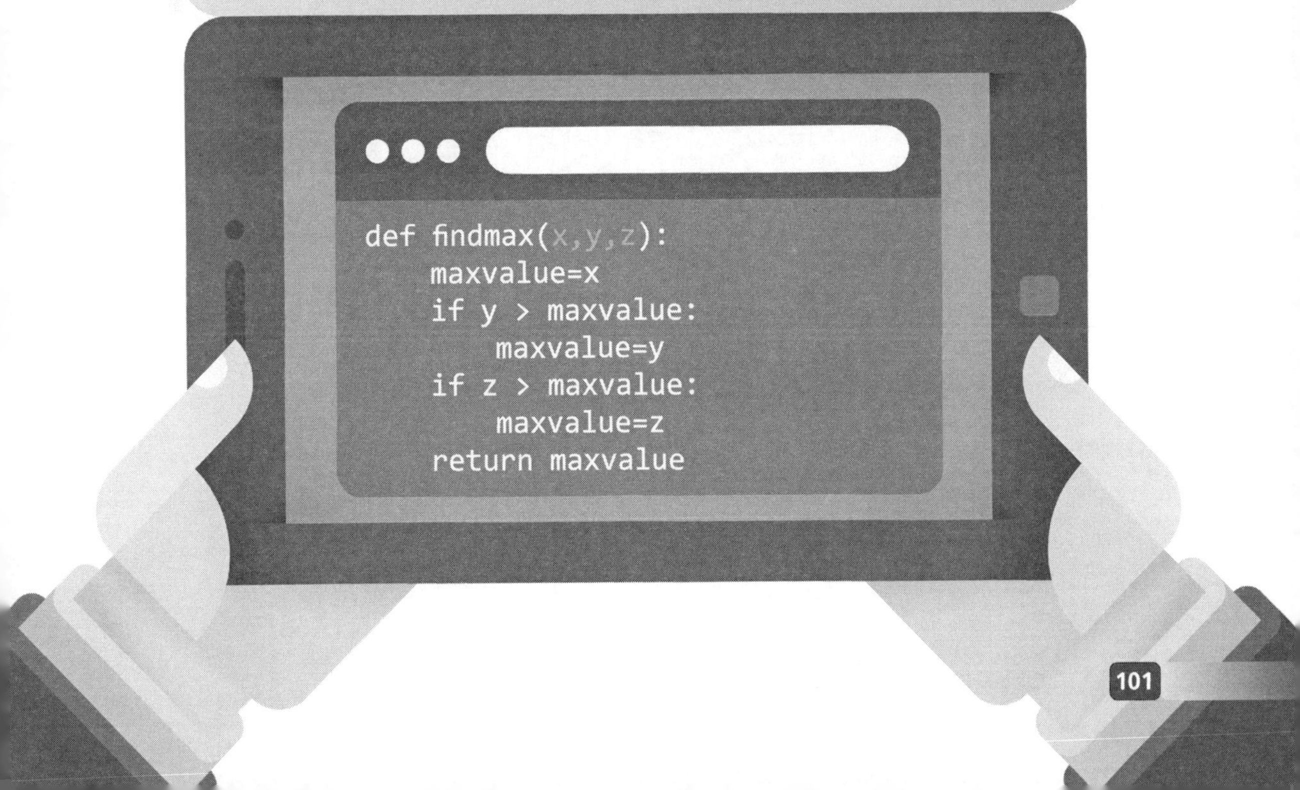

5.1 생산재고계획

I 공업사는 기계가공설비를 전문적으로 생산, 판매하고 있으며 생산비용은 인건비 및 자재 단가의 변동으로 월별로 조금 다르다. 기계가공설비에 대한 12개월간의 확정 수요와 월별 생산비용은 아래 표와 같다. 또한 기계가공설비 1개에 대한 월 보관비용은 4,500원이다. 월별로 최대 180개 생산 가능하다.

(단위: 천원)

월	1월	2월	3월	4월	5월	6월	7월	8월	9월	10월	11월	12월
수요	24	90	227	53	13	387	257	157	15	139	43	70
생산비용	9	10	6	7	6	7	10	10	9	8	9	6

현재 기계가공설비의 재고는 21개가 있고, 앞으로 12개월 동안 월별 생산량과 재고량을 계획해보자.

1 변수

x_m: m월의 생산량

$m = 1, 2, ..., 12$

2 목적식

총비용을 최소화, 총비용 = 생산비용 + 재고비용

$$생산비용 = \sum_{m=1}^{12} x_m * c_m$$

c_m: m월의 생산비용

$$재고비용 = (\sum_{m=1}^{12} I_m) * 4.5$$

I_m: m월의 재고량

$I_1 = 21 + x_1 - d_1$

$I_m = I_{m-1} + x_m - d_m$ (m이 2부터 12인 경우)

3 제약식

(수요 만족) $I_m \geqq 0$

(생산량 제약) $x_m \leqq 180$

엑셀데이터 정의는 다음과 같다.

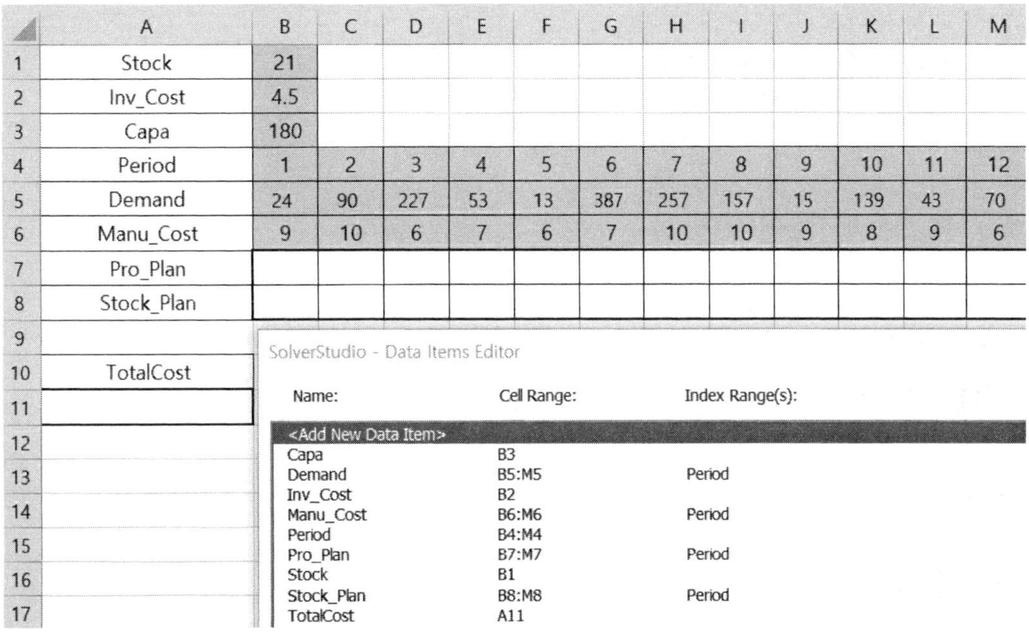

	A	B	C	D	E	F	G	H	I	J	K	L	M
1	Stock	21											
2	Inv_Cost	4.5											
3	Capa	180											
4	Period	1	2	3	4	5	6	7	8	9	10	11	12
5	Demand	24	90	227	53	13	387	257	157	15	139	43	70
6	Manu_Cost	9	10	6	7	6	7	10	10	9	8	9	6
7	Pro_Plan												
8	Stock_Plan												
9													
10	TotalCost												

SolverStudio - Data Items Editor

Name:	Cell Range:	Index Range(s):
<Add New Data Item>		
Capa	B3	
Demand	B5:M5	Period
Inv_Cost	B2	
Manu_Cost	B6:M6	Period
Period	B4:M4	
Pro_Plan	B7:M7	Period
Stock	B1	
Stock_Plan	B8:M8	Period
TotalCost	A11	

Python 전체 코드는 다음과 같다.

```
from pulp import *
prob = LpProblem('ProductionPlan',LpMinimize)

pro_vars = LpVariable.dicts('Prod',Period,0,180,LpInteger)
stock_vars = LpVariable.dicts('Stock',Period,0,None,LpInteger)

prob +=lpSum([Manu_Cost[m]*pro_vars[m] for m in Period]) \
       +lpSum([stock_vars[m] for m in Period])*Inv_Cost

for m in Period:
    if m==1:
        prob += stock_vars[m]==Stock+pro_vars[m]-Demand[m]
    else:
        prob += stock_vars[m]==(stock_vars[m-1]+pro_vars[m]-Demand[m])

prob.solve()
```

```
print "Status:", LpStatus[prob.status]
TotalCost=value(prob.objective)
for m in Period:
    Pro_Plan[m]=pro_vars[m].varValue
    Stock_Plan[m]=stock_vars[m].varValue
```

세부 코드 설명은 다음과 같다.

코드	`pro_vars = LpVariable.dicts('Prod',Period,0,180,LpInteger)`
설명	생산변수는 최대 180이므로 아래와 같이 변수생성 코드에서 최대값을 180으로 지정했다.

코드	`stock_vars = LpVariable.dicts('Stock',Period,0,None,LpInteger)`
설명	재고계산을 하기 위한 재고변수 stock_vars는 아래와 같이 최소값이 0으로 설정되기 때문에 "재고가 0보다 같거나 크다"라는 제약을 따로 설정하지 않아도 된다.

코드:

```
prob +=lpSum([Manu_Cost[m]*pro_vars[m] for m in Period]) \
       +lpSum([stock_vars[m] for m in Period])*Inv_Cost
```

설명: 목적식은 lpSum() 함수로 표현된 총생산비용 + 총재고비용으로 코드에서 표현되었다. 첫 줄 마지막 "\" 표시는 줄바꾸기 표시이다.

코드:

```
for m in Period:
    if m==1:
        prob += stock_vars[m]==Stock+pro_vars[m]-Demand[m]
    else:
        prob += \
        stock_vars[m]==(stock_vars[m-1]+pro_vars[m]-Demand[m])
```

설명: 재고변수 stock_vars가 생산변수 pro_vars를 이용하여 계산되도록 제약식으로 표현되었다.

코드:

```
for m in Period:
    Pro_Plan[m]=pro_vars[m].varValue
    Stock_Plan[m]=stock_vars[m].varValue
```

설명: 최종적인 생산계획과 재고계획 수량이 Pro_Plan과 Stock_Plan 엑셀데이터에 표시되도록 위 코드를 사용하였다.

최종 생산 및 재고 계획은 아래와 같다. 2, 4, 5, 6월에 재고를 확보하는 것이 전체 비용을 최소화할 수 있는 방법임을 알 수 있다.

Period	1	2	3	4	5	6	7	8	9	10	11	12
Demand	24	90	227	53	13	387	257	157	15	139	43	70
Manu_Cost	9	10	6	7	6	7	10	10	9	8	9	6
Pro_Plan	3	137	180	170	180	180	180	157	15	139	43	70
Stock_Plan	0	47	0	117	284	77	0	0	0	0	0	0

5.2 납품 지연을 허용하는 생산재고계획

위 문제에서 납품지연을 허용할 수 있다고 가정해 보자. 이런 경우 월말재고가 음수가 될 수 있다. 재고가 남는 경우는 재고비용이 발생하고 부족한 경우는 납품지연비용이 발생하게 된다. 지연비용이 4,000원이라고 가정할 때의 생산계획과 재고계획을 만들어 보자.

기존 수학모델에서 아래와 같은 두 가지 변수를 추가한다.

I_m^+ : m월의 재고량
I_m^- : m월의 부족량

그리고 목적식을 아래와 같이 수정한다.

총비용을 최소화, 총비용 = 생산비용 + 재고비용 + 부족비용

$$생산비용 = \sum_{m=1}^{12} x_m * c_m$$

$$재고비용 = (\sum_{m=1}^{12} I_m^+) * 4{,}500$$

$$부족비용 = (\sum_{m=1}^{12} I_m^-) * 4{,}000$$

그리고 기존의 제약식을 아래와 같이 수정한다.

$$I_m = I_m^+ - I_m^-$$

12월에는 모든 납품을 완료해야 하므로 아래와 같은 제약을 사용한다.

$I_{12} = 0$

엑셀 데이터 정의는 다음과 같다.

실제 재고량과 부족량변수는 Stock_Plus, Stock_Minus 영역에 표시된다.

	A	B	C	D	E	F	G	H	I	J	K	L	M
1	Stock	21											
2	Inv_Cost	4.5											
3	Capa	180											
4	Short_Cost	4											
5	Period	1	2	3	4	5	6	7	8	9	10	11	12
6	Demand	24	90	227	53	13	387	257	157	15	139	43	70
7	Manu_Cost	9	10	6	7	6	7	10	10	9	8	9	6
8	Pro_Plan												
9	Stock_Plan												
10	Stock_Plus												
11	Stock_Minus												
12													
13	TotalCost												
14													

SolverStudio - Data Items Editor

Name:	Cell Range:	Index Range(s):
<Add New Data Item>		
Capa	B3	
Demand	B6:M6	Period
Inv_Cost	B2	
Manu_Cost	B7:M7	Period
Period	B5:M5	
Pro_Plan	B8:M8	Period
Short_Cost	B4	
Stock	B1	
Stock_Minus	B11:M11	Period
Stock_Plan	B9:M9	Period
Stock_Plus	B10:M10	Period
TotalCost	A14	

Python 전체 코드는 다음과 같다.

```
from pulp import *
prob = LpProblem('ProductionPlan',LpMinimize)

pro_vars = LpVariable.dicts('Prod',Period,0,180,LpInteger)
stock_vars = LpVariable.dicts('Stock',Period,None,None,LpInteger)
stock_plus_vars = LpVariable.dicts('Stock_plus',Period,0,None,LpInteger)
```

```
stock_minus_vars = LpVariable.dicts('Stock_minus',Period,0,None,LpInteger)

prob +=lpSum([Manu_Cost[m]*pro_vars[m] for m in Period]) \
       +lpSum([stock_plus_vars[m] for m in Period])*Inv_Cost \
       +lpSum([stock_minus_vars[m] for m in Period])*Short_Cost

for m in Period:
    if m==1:
        prob += stock_vars[m]==Stock+pro_vars[m]-Demand[m]
    else:
        prob += stock_vars[m]==(stock_vars[m-1]+pro_vars[m]-Demand[m])

    prob += stock_vars[m]==(stock_plus_vars[m]-stock_minus_vars[m])

prob += stock_vars[12]==0

prob.solve()
print "Status:", LpStatus[prob.status]
TotalCost=value(prob.objective)
for m in Period:
    Pro_Plan[m]=pro_vars[m].varValue
    Stock_Plan[m]=stock_vars[m].varValue
    Stock_Plus[m]=stock_plus_vars[m].varValue
    Stock_Minus[m]=stock_minus_vars[m].varValue
```

세부 코드는 다음과 같다.

코드	stock_vars = LpVariable.dicts('Stock',Period,None,None,LpInteger)
설명	기존 변수에서 재고량 변수는 음수가 될 수 있으므로 위와 같이 최소값을 None으로 둔다. (원래 최소값이 0이었음)

코드	stock_plus_vars = LpVariable.dicts('Stock_plus',Period,0,None,LpInteger) stock_minus_vars = LpVariable.dicts('Stock_minus',Period,0,None,LpInteger)
설명	실제 재고량, 부족량을 표시하는 변수를 위와 같이 추가한다.

코드	```prob +=lpSum([Manu_Cost[m]*pro_vars[m] for m in Period]) \ +lpSum([stock_plus_vars[m] for m in Period])*Inv_Cost \ +lpSum([stock_minus_vars[m] for m in Period])*Short_Cost```
설명	원래 생산재고계획에서 사용한 목적식 대신에 아래와 같이 생산비용, 재고비용, 부족비용을 계산하여 정의한다.

코드	`prob += stock_vars[m]==(stock_plus_vars[m]-stock_minus_vars[m])`
설명	각 월에서 재고량변수와 실제재고량, 부족량과의 관계를 아래와 같은 코드로 표현한다.

코드	`prob += stock_vars[12]==0`
설명	마지막 12월에는 모든 수요가 만족되도록 제약을 위와 같이 추가한다.

납품부족을 허용하는 경우 아래와 같은 최적해가 도출된다. 3월, 7월, 8월에 납품 지연이 발생되었다.

Period	1	2	3	4	5	6	7	8	9	10	11	12
Pro_Plan	3	90	180	140	180	180	180	180	69	139	43	70
Stock_Plan	0	0	-47	40	207	0	-77	-54	0	0	0	0
Stock_Plus	0	0	0	40	207	0	0	0	0	0	0	0
Stock_Minus	0	0	47	0	0	0	77	54	0	0	0	0

5.3 자재구매 계획

기계가공설비를 생산하기 위해서는 자재 a1, a2가 필요하다. 현재 a1, a2의 초기재고는 각각 200개와 300개이다. a1은 발주를 하면 1개월 후에 입고가 되고, a2는 2개월 후에 입고가 된다. 자재의 구매비용은 월별로 다르기 때문에 미리 구매를 해둘 수도 있다. 자재 보관비용은 1개월 동안 3,000원이다. 12개월 동안의 자재 구매계획을 만들어 보자.

월별 생산량과 구매비용은 다음과 같다.

월	1월	2월	3월	4월	5월	6월	7월	8월	9월	10월	11월	12월
생산량	3	137	180	170	180	180	180	157	15	139	43	70
a1 구매비용	13	12	12	11	15	10	10	15	15	14	12	14
a2 구매비용	13	12	12	5	9	5	12	15	14	6	7	7

위 문제를 선형계획법으로 모델링 하기 위해서는 구매계획을 변수로 설정하고, 구매계획에 의해서 발생되는 재고량을 계산하여 총 구매비용과 재고비용을 최소화하도록 하는 방법을 찾는 것이 필요하다. 재고량 계산은 아래와 같은 규칙을 사용할 수 있다.

재고량 = 이월재고량 + 입고될재고량 − 이번달생산량(자재소요량)

입고될재고량은 리드타임이 1개월인 자재인 경우는 전달 구매량이 될 것이고, 리드타임이 2개월인 자재인 경우 전전달 주문량이 될 것이다. 이 문제의 선형계획법 모델을 다음과 같이 정의된다.

1 변수

$x_{1,m}$: $a1$의 m월 발주량

$x_{2,m}$: $a2$의 m월 발주량

$m = 1, ..., 12$

2 목적식

총비용을 최소화하는 발주량을 결정

총비용 = 구매비용 + 재고비용

구매비용 = $\sum_{m=1}^{12} (x_{1,m}*c_{1,m} + x_{2,m}*c_{2,m})$

$c_{1,m}$ = m월의 $a1$ 구매비용

$c_{2,m}$ = m월의 $a2$ 구매비용

재고비용 = $\sum_{m=1}^{12} (I_{1,m} + I_{2,m})*3$

p_m: m월의 생산량

$I_{1,m}$ = $a1$ 자재의 m월 재고량

$I_{1,1} = 200 - p_1$

$I_{1,m} = I_{1,m-1} + x_{1,m-1} - p_m,\ m = 2, ..., 12$

$I_{2,m}$ = $a2$ 자재의 m월 재고량

$$I_{2,1} = 300 - p_1$$
$$I_{2,2} = I_{2,1} - p_2$$
$$I_{2,m} = I_{2,m-1} + x_{1,m-2} - p_m, m = 3, ..., 12$$

③ 제약

$$I_{1,m} \geqq 0, I_{2,m} \geqq 0$$

엑셀 데이터 정의는 다음과 같다.

	A	B	C	D	E	F	G	H	I	J	K	L	M
1	Inv_Cost	3											
2	Item	Start_Stock											
3	a1	200											
4	a2	300											
5	Period	1	2	3	4	5	6	7	8	9	10	11	12
6	Production	3	137	180	170	180	180	180	157	15	139	43	70
7	Price_a1	13	12	12	11	15	10	10	15	15	14	12	14
8	Price_a2	13	12	12	5	9	5	12	15	14	6	7	7
9	Order_a1												
10	Order_a2												
11	Stock_a1												
12	Stock_a2												
13													
14	Purchase_Cost	27,470											

SolverStudio - Data Items Editor

Name:	Cell Range:	Index Range(s):
<Add New Data Item>		
Inv_Cost	B1	
Item	A3:A4	
Order_Plan	B9:M10	Item, Period
Period	B5:M5	
Price	B7:M8	Item, Period
Production	B6:M6	Period
Purchase_Cost	B14	
Start_Stock	B3:B4	Item
Stock_Plan	B11:M12	Item, Period

초기재고(Start_Stock)은 Item(a1, a2)를 행 인덱스로 정의된다. 구매비용(Price)데이터는 Item을 행 인덱스로, Period(월)을 열 인덱스로 하여 2차원데이터로 표현되었다. 모델의 결정변수인 월별 주문량(Order_Plan)은 Item을 행 인덱스로 하여 2차원으로 정의되고, 계산의 편의성을 위해 정의된 월별 재고량(Stock_Plan)도 Item을 행 인덱스로 하여 2차원 변수로 정의되었다. Order_Plan이 결정되면 Stock_Plan은 자동 계산된다.

Python 전체 코드는 다음과 같다.

```
from pulp import *
prob = LpProblem('OrderPlan',LpMinimize)

Order_vars = LpVariable.dicts('O',(Item,Period),0,None,LpInteger)
Stock_vars = LpVariable.dicts('S',(Item,Period),0,None,LpInteger)

prob += lpSum([Price[i,m]*Order_vars[i][m] for i in Item for m in Period]) \
      +lpSum([Stock_vars[i][m] for i in Item for m in Period])*Inv_Cost

for m in Period:
  if m==1:
    prob += Stock_vars['a1'][m]==Start_Stock['a1'] - Production[m]
  else:
    prob += Stock_vars['a1'][m]==Stock_vars['a1'][m-1]+Order_vars['a1'][m-1] \
          -Production[m]

for m in Period:
  if m==1:
    prob += Stock_vars['a2'][m]==Start_Stock['a2'] - Production[m]
  elif m==2:
    prob += Stock_vars['a2'][m]==Stock_vars['a2'][m-1] - Production[m]
  else:
    prob += Stock_vars['a2'][m]==Stock_vars['a2'][m-1]+Order_vars['a2'][m-2] \
          -Production[m]

prob.solve()
print "Status:", LpStatus[prob.status]
Purchase_Cost=value(prob.objective)
for i in Item:
  for m in Period:
    Order_Plan[i,m]=Order_vars[i][m].varValue
    Stock_Plan[i,m]=Stock_vars[i][m].varValue
```

세부 코드는 다음과 같다.

코드

```
lpSum([Price[i,m]*Order_vars[i][m] for i in Item for m in Period]) \
+ lpSum([Stock_vars[i][m] for i in Item for m in Period])*Inv_Cost
```

설명

목적식이 되는 전체비용은 위 코드처럼 [주문량배열*가격배열] + [부품의 월별 재고량 합*재고비용]형식으로 정의된다.

코드

```
Stock_vars['a1'][m]==Start_Stock['a1'] - Production[m]
```

설명

코드에서 Stock_vars 변수가 어떻게 계산되는지 표현해야 한다. a1부품은 주문 후 1개월 후에 입고되므로 1월 재고량은 위 코드와 같이 초기재고에서 생산량을 빼서 계산된다.

코드

```
Stock_vars['a1'][m]==Stock_vars['a1'][m-1]+Order_vars['a1'][m-1] \
  - Production[m]
```

설명

a1부품의 2~12월의 재고량은 위 코드와 같이 전달 주문량을 고려하여 계산된다.

코드

```
if m==1:
   Stock_vars['a2'][m]==Start_Stock['a2'] - Production[m]
elif m==2:
   Stock_vars['a2'][m]==Stock_vars['a2'][m-1] - Production[m]
```

설명

부품 a2인 경우 재고량은 주문 후 2개월 후에 납품되므로 1, 2월은 전달(초기)재고량 – 생산량으로 계산된다.

코드

```
Stock_vars['a2'][m]==Stock_vars['a2'][m-1]+Order_vars['a2'][m-2] \
  - Production[m]
```

설명

부품 a2의 3~12월의 재고량은 전전달 주문량을 고려하여 계산된다.

코드

```
Order_Plan[i,m]=Order_vars[i][m].varValue
Stock_Plan[i,m]=Stock_vars[i][m].varValue
```

설명

최종 해는 엑셀에서 주문계획(Order_Plan)과 재고계획(Stock_Plan)에 영역에 출력되도록 한다.

생성된 최적 해는 다음과 같다.

5	Period	1	2	3	4	5	6	7	8	9	10	11	12
6	Production	3	137	180	170	180	180	180	157	15	139	43	70
7	Price_a1	13	12	12	11	15	10	10	15	15	14	12	14
8	Price_a2	13	12	12	5	9	5	12	15	14	6	7	7
9	Order_a1	0	120	170	360	0	180	172	0	139	43	70	0
10	Order_a2	20	170	180	360	0	311	0	0	43	70	0	0
11	Stock_a1	197	60	0	0	180	0	0	15	0	0	0	0
12	Stock_a2	297	160	0	0	0	180	0	154	139	0	0	0
13													
14	Purchase_Cost	27,470											

5.4 기계작업 할당계획

생산현장에서 특정 작업을 설비에 할당하는 문제를 고려해 보자. 각 설비를 가동하기 위한 준비시간(SetupTime)과 설비별 작업시간(ProcessTime)이 다음과 같다면 전체 소요되는 시간을 최소화할 수 있는 할당방법을 찾는 것이 필요하다.

ProcessingTime	Job1	Job2	SetupTime
Machine1	4	5	20
Machine2	2	3	30

설비 준비시간이 비교적 크므로 작업을 두 설비에서 하는 것은 바람직하지 않아 보인다. 간단한 문제이므로 조금만 생각해보면 Machine1에서 두 작업을 하는 것이 가장 시간을 최소화하는 방법이라는 것을 알 수 있다. 작업시간측면에서 보면 Machine2가 유리하지만 준비시간 측면에서 Machine1이 작기 때문이다. 이와 같은 비용 문제를 선형계획법으로 표현하는 방법을 생각해보자. 우리는 할당여부를 표현하는 이진변수를 다음과 같이 정의할 수 있다.

x_{mj}: m설비에서 j작업 수행여부

그럼 작업시간은 아래와 같은 식으로 표현할 수 있다.

$$4*x_{11} + 5*x_{12} + 2*x_{21} + 3*x_{22}$$

총 설비준비시간을 작업수행여부 변수 x_{mj}로 표현하는 것은 불가능하다. 그래서 아래와 같은 새로운 변수를 도입해야 한다.

$$y_m: m\text{설비의 가동여부}$$

가동여부 변수를 이용하여 총 설비준비시간은 다음과 같이 계산할 수 있다.

$$20*y_1 + 30*y_2$$

위 가동여부 변수는 해당 설비의 x_{mj} 변수가 하나라도 1이면 동시에 1로 설정되어야 하고 그 외에는 0이 되어야 한다. 이러한 상황을 설비1에 대하여 표로 표현하면 다음과 같다.

할당변수 x_{11}	할당변수 x_{12}	가동여부변수 y_1
0	0	0
1	0	1
0	1	1
1	1	1

위 상황을 선형식으로 표현하기 위해서 다음과 같은 제약식 생성 규칙을 사용한다.

할당변수 합 ≦ 좌변 최대값 * 가동여부변수

위 규칙을 사용하면 설비1에 대한 할당변수와 가동여부변수 제약식은 다음과 같다.

$$x_{11} + x_{12} \leqq 2*y_1$$

위 제약식을 만족하기 위한 두 변수의 가능한 조합은 다음과 같다.

할당변수 x_{11}	할당변수 x_{12}	가동여부변수 y_1
0	0	0 or 1
1	0	1
0	1	1
1	1	1

할당변수가 한쪽이 1인 경우에는 제약식을 만족하기 위하여 가동여부변수는 1만 허용된다. 할당변수가 모두 0인 경우 가동여부 변수는 논리적으로 0 혹은 1 모두 될 수 있지만 가동여부 변수를 이용하여 설비준비시간을 계산하므로 전체 시간(비용)을 최소화하기 위해서는 풀이 과정에서 자동으로 0으로 수렴하게 된다.

이제 실제 문제를 풀어보도록 하자. 아래와 같은 10개의 설비와 10개의 작업별 처리시작이 주어졌다. 각 설비의 하루 가능 작업시간은 480분이고, 각 설비별 준비시간은 마지막열에 표시되어 있다. 표에서 작업 불가능한 설비/작업인 경우는 비교적 큰시간(10,000분)을 부여하여 할당되지 않도록 하였다.

ProcessTime	1	2	3	4	5	6	7	8	9	10	SetupTime
1	134	10,000	10,000	97	106	117	89	10,000	10,000	138	108
2	10,000	100	132	134	136	86	143	143	10,000	85	132
3	10,000	10,000	10,000	10,000	10,000	136	10,000	10,000	99	10,000	64
4	90	10,000	96	110	10,000	10,000	10,000	136	10,000	10,000	49
5	10,000	142	10,000	10,000	154	155	10,000	10,000	162	10,000	33
6	10,000	136	161	104	139	10,000	116	10,000	167	156	99
7	121	10,000	10,000	153	159	10,000	10,000	158	151	10,000	53
8	115	159	10,000	10,000	10,000	99	132	111	92	128	66
9	10,000	10,000	10,000	10,000	10,000	10,000	10,000	142	10,000	10,000	126
10	10,000	10,000	84	116	150	10,000	10,000	118	10,000	99	117

위 문제를 선형계획법으로 모델링 하기 위해서는 할당변수와 가동여부변수를 정의하고 목적식은 "총작업시간 + 총가동준비시간"을 최소화하도록 정의하면 된다. 앞에서 언급한 제약식 생성규칙을 이용하여 각 설비별로 "할당변수의합 ≦ 10*가동여부변수" 제약식이 필요하며 각 설비별 사용시간이 480분을 초과하지 않도록 하는 제약도 추가해야 한다.

위 문제는 아래와 같이 선형계획법으로 모델링 가능하다.

1 변수

$x_{m,j}$: 기계 m을 작업 j에 할당여부를 표현하는 이진변수

y_m: 기계 m의 가동여부를 표현하는 이진변수

$m = 1 \sim 10, j = 1 \sim 10$

2 목적식

$$총비용 = \sum_{m=1}^{10} \sum_{j=1}^{10} x_{m,j} * c_{m,j} + \sum_{m=1}^{10} y_m * s_m$$

$c_{m,j}$: 기계 m에서 j작업을 할 경우 시간

s_m: 기계 m의 가동준비시간

3 제약식:

(작업은 꼭 할당되어야함) 모든 j에 대해서 $\sum_{m=1}^{10} x_{m,j} = 1$

(할당변수와 가동변수의 연결) 모든 m에 대해서 $\sum_{j=1}^{10} x_{m,j} \leqq 10 * y_m$

(설비별작업시간 제약) 모든 m에 대해서 $\sum_{j=1}^{10} x_{m,j} * c_{m,j} + y_m * s_m \leqq 480$

엑셀 데이터 정의는 다음과 같다.

	A	B	C	D	E	F	G	H	I	J	K	L	M
1	MaxTime	480	Job										(min)
2		ProcessTime	1	2	3	4	5	6	7	8	9	10	SetupTime
3	Machine	1	134	10,000	10,000	97	106	117	89	10,000	10,000	138	108
4		2	10,000	100	132	134	136	86	143	143	10,000	85	132
5		3	10,000	10,000	10,000	10,000	10,000	136	10,000	10,000	99	10,000	64
6		4	90	10,000	96	110	10,000	10,000	10,000	136	10,000	10,000	49
7		5	10,000	142	10,000	10,000	154	155	10,000	10,000	162	10,000	33
8		6	10,000	136	161	104	139	10,000	116	10,000	167	156	99
9		7	121	10,000	10,000	153	159	10,000	10,000	158	151	10,000	53
10		8	115	159	10,000	10,000	10,000	99	132	111	92	128	66
11		9	10,000	10,000	10,000	10,000	10,000	10,000	10,000	142	10,000	10,000	126
12		10	10,000	10,000	84	116	150	10,000	10,000	118	10,000	99	117
13													
14		Allocation	1	2	3	4	5	6	7	8	9	10	Operation
15		1											
16		2											
17		3											
18		4											
19		5											
20		6											
21		7											
22		8											
23		9											
24		10											
25													
26	TotalTime	1307											

SolverStudio - Data Items Editor

Name:	Cell Range:	Index Range(s):
<Add New Data Item>		
Allocation	C15:L24	Machine, Job
Job	C2:L2	
Machine	B3:B12	
MaxTime	B1	
Operation	M15:M24	Machine
ProcessTime	C3:L12	Machine, Job
SetupTime	M3:M12	Machine
TotalTime	B26	

행데이터는 설비번호를 나타내는 Machine를 사용하고 열데이터는 작업번호를 나타내는 Job을 사용한다. 위 데이터에서 Allocation은 설비별 작업 할당여부 변수결과를 표현하는 영역이고 Operation은 설비별 가동여부변수를 표현하는 영역이다. 처리시간은 ProcessTime[설비번호, 작업번호] 형태의 2차원 데이터로 표현된다. 선형계획법으로 풀기 위한 전체 코드는 다음과 같다.

```
from pulp import *
prob = LpProblem('JobAllocaton',LpMinimize)

Alloc_vars = LpVariable.dicts('A',(Machine,Job),0,1,LpInteger)
Oper_vars= LpVariable.dicts('O',Machine,0,1,LpInteger)

prob += lpSum([ProcessTime[m,j]*Alloc_vars[m][j] \
        for m in Machine for j in Job]) \
        +lpSum([SetupTime[m]*Oper_vars[m] for m in Machine])

for j in Job:
    prob += lpSum([Alloc_vars[m][j] for m in Machine])==1

for m in Machine:
    prob += lpSum([Alloc_vars[m][j] for j in Job])<= 10*Oper_vars[m]
    prob += lpSum([ProcessTime[m,j]*Alloc_vars[m][j] for j in Job]) \
          + SetupTime[m]*Oper_vars[m]<= MaxTime

prob.solve()
print "Status:", LpStatus[prob.status]
```

```
TotalTime=value(prob.objective)

for m in Machine:
  Operation[m]=Oper_vars[m].varValue
  for j in Job:
    Allocation[m,j]=Alloc_vars[m][j].varValue
```

주요 코드 설명은 다음과 같다.

코드	`Alloc_vars = LpVariable.dicts('A',(Machine,Job),0,1,LpInteger)`
설명	기계와 작업의 할당여부 변수를 나타낸다. 2차원 변수 배열을 만들기 위해서 LpVariable.dicts(변수이름앞글자, (행데이터, 열데이터), 최소값, 최대값, 변수타입) 함수를 사용하였다.

코드	`Oper_vars= LpVariable.dicts('O',Machine,0,1,LpInteger)`
설명	기계의 가동여부 변수를 생성한다.

코드	`prob+=lpSum([ProcessTime[m,j]*Alloc_vars[m][j] for m in Machine for j in Job]) \` `      + lpSum([SetupTime[m]*Oper_vars[m] for m in Machine])`

설명	작업시간*할당변수 + 준비시간*가동변수를 계산하여 목적식을 표현하는 코드이다. ProcessTime 상수배열과 Alloc_vars 변수배열의 곱을 나타내는 배열을 생성하기 위하여 아래와 같은 코드를 사용하였다. 2차원 상수배열은 [행, 열] 형태로 사용하고 2차원 변수배열은 [행][열] 형태로 사용한다. 상수와 변수배열 사용방법이 조금 다르니 주의해야 한다.
	
	`[ ProcessTime[m,j]*Alloc_vars[m][j] for m in Machine for j in Job ]`
	
	마찬가지로 SetupTime상수배열과 Oper_vars변수배열의 곱을 생성하기 위해 아래와 같은 코드를 사용하였다.
	
	`[SetupTime[m]*Oper_vars[m] for m in Machine]`

코드	```for j in Job: prob += lpSum([Alloc_vars[m][j] for m in Machine])==1```
설명	하나의 작업이 한 개의 기계에 할당되도록 하는 제약이다.

코드

```
for m in Machine:
    prob += lpSum([Alloc_vars[m][j] for j in Job])<= 10*Oper_vars[m]
    prob += lpSum([ProcessTime[m,j]*Alloc_vars[m][j] for j in Job]) \
            + SetupTime[m]*Oper_vars[m]<= MaxTime
```

설명

각 기계설비에 대하여 할당변수와 가동변수를 연결하는 제약식은 다음과 같다.

```
prob += lpSum([Alloc_vars[m][j] for j in Job])<= 10*Oper_vars[m]
```

또한 각 설비에 대하여 작업시간과 가동준비시간이 MaxTime(480)시간을 초과하지 않도록 하는 제약은 다음과 같다.

```
prob += lpSum([ProcessTime[m,j]*Alloc_vars[m][j] for j in Job]) \
        + SetupTime[m]*Oper_vars[m]<= MaxTime
```

코드	`TotalTime=value(prob.objective)`
설명	사용된 전체시간(목적식)값을 가져와서 TotalTime 셀데이터에 연결하는 코드이다.

코드

```
for m in Machine:
  Operation[m]=Oper_vars[m].varValue
  for j in Job:
    Allocation[m,j]=Alloc_vars[m][j].varValue
```

설명

각 설비에 대하여 가동여부변수 값을 셀데이터에 연결하는 코드는 다음과 같다.

```
Operation[m]=Oper_vars[m].varValue
```

기계의 작업할당 여부를 살데이터에 연결하는 코드는 다음과 같다.

```
Allocation[m,j]=Alloc_vars[m][j].varValue
```

위 문제의 최적해는 다음과 같다. 기계 1, 2, 4, 8을 가동하고 각 Job은 설비에 한 개씩 할당되었다. 전체 시간은 1307이다.

		Job										
	Allocation	1	2	3	4	5	6	7	8	9	10	Operation
Machine	1	-	-	-	1	1	-	1	-	-	-	1
	2	-	1	-	-	-	1	-	-	-	1	1
	3	-	-	-	-	-	-	-	-	-	-	0
	4	1	-	1	-	-	-	-	-	-	-	1
	5	-	-	-	-	-	-	-	-	-	-	0
	6	-	-	-	-	-	-	-	-	-	-	0
	7	-	-	-	-	-	-	-	-	-	-	0
	8	-	-	-	-	-	-	-	1	1	-	1
	9	-	-	-	-	-	-	-	-	-	-	0
	10	-	-	-	-	-	-	-	-	-	-	0
TotalTime	1307											

5.5 자재절단문제

철판, 제지, 필름, 부직포, 알미늄 샤시 등을 생산하는 제조기업에서는 제작한 제품을 절단하는 작업을 해야 한다. 이러한 절단 작업에서 손실을 줄이고 작업수를 최소화는 최적화 기법이 사용된다. 아래와 같이 알루미늄 파이프의 주문량이 주어져 있고, 회사는 길이 1000cm의 표준 알루미늄 파이프를 절단하여 아래 주문을 공급해야 한다.

Product	40	50	60	70	80	90	100	110	120	130	140	150
Demand	92	96	57	72	69	78	94	88	64	79	97	92

절단방법이 아래와 같이 12가지 가능하다. 각 패턴의 총 길이는 정확히 1000cm에 맞춰져 있다. 오른쪽 값은 절단횟수이다.

1	60	100	100	110	120	120	120	130	140	0	0	0	0	0	9
2	40	40	50	60	60	60	60	60	70	90	90	100	100	120	14
3	40	60	60	70	70	90	100	120	120	120	150	0	0	0	11
4	40	40	40	50	90	100	110	120	130	130	150	0	0	0	11
5	40	60	70	80	90	110	130	130	140	150	0	0	0	0	10
6	40	50	60	60	60	80	90	90	100	100	120	150	0	0	12
7	60	80	80	90	90	100	100	120	130	150	0	0	0	0	10
8	50	60	60	70	70	80	90	110	120	140	150	0	0	0	11
9	40	50	60	60	60	70	70	100	120	120	120	130	0	0	12
10	40	40	40	50	50	50	60	60	60	70	110	110	120	140	14
11	40	40	50	60	70	80	90	100	100	110	120	140	0	0	12
12	40	40	60	90	110	120	130	130	130	150	0	0	0	0	10

이러한 12가지 절단패턴을 이용하여 주어진 수요를 생산하기 위한 방법은 다양하게 존재할 수 있다. 이중 두 가지 측면에서 생산비용을 최소화하는 방법을 생각해 볼 수 있다.

목적값	의미
표준 파이프 개수 최소화	사용되는 파이프 개수를 최소화하여 자재비용 및 물류비용을 줄일 수 있다.
절단 횟수 최소화	파이프 절단 횟수를 최소화하면 작업자 인건비, 작업시간, 장비의 마모를 줄일 수 있어 전체적인 생산비용을 최소화할 수 있다.

위 문제는 아래와 같이 선형계획법으로 모델링 가능하다.

1 변수

x_i: i절단 패턴 작업개수

2 목적식

- 표준 파이프 개수 최소화인 경우: $\sum_{i=1}^{12} x_i$
- 절단 횟수 최소화인 경우: $\sum_{i=1}^{12} c_i * x_i$, c_i: i패턴의 총 절단 횟수

3 제약식:

각 주문사이즈에 대한 수요만족제약은 아래와 같이 일반화하여 표현할 수 있다.

[주문사이즈산출량*절단패턴]의 합 >= 주문사이즈 수요량

실제 수식으로 표현하면 다음과 같다.

(수요만족)

40: $0*x_1 + 2*x_2 + x_3 + 3*x_4 + x_5 + x_6 + 0*x_7 + 0*x_8 + x_9 + 3*x_{10} + 2*x_{11} + 2*x_{12} \geqq 92$

50: $0*x_1 + x_2 + 0*x_3 + x_4 + 0*x_5 + x_6 + 0*x_7 + x_8 + x_9 + 3*x_{10} + x_{11} + 0*x_{12} \geqq 96$

60: $x_1 + 5*x_2 + 2*x_3 + 0*x_4 + x_5 + 3*x_6 + x_7 + 2*x_8 + 3*x_9 + 3*x_{10} + x_{11} + x_{12} \geqq 57$

70: $0*x_1 + x_2 + 2*x_3 + 0*x_4 + x_5 + 0*x_6 + 0*x_7 + 2*x_8 + 2*x_9 + x_{10} + x_{11} + 0*x_{12} \geqq 72$

80: $0*x_1 + 0*x_2 + 0*x_3 + 0*x_4 + x_5 + x_6 + 2*x_7 + x_8 + 0*x_9 + 0*x_{10} + x_{11} + 0*x_{12} \geqq 69$

90: $0*x_1 + 2*x_2 + x_3 + 3*x_4 + x_5 + x_6 + 0*x_7 + 0*x_8 + x_9 + 3*x_{10} + 2*x_{11} + 2*x_{12} \geqq 92$

100: $0*x_1 + 2*x_2 + x_3 + 3*x_4 + x_5 + x_6 + 0*x_7 + 0*x_8 + x_9 + 3*x_{10} + 2*x_{11} + 2*x_{12} \geqq 92$

110: $0*x_1 + 2*x_2 + x_3 + 3*x_4 + x_5 + x_6 + 0*x_7 + 0*x_8 + x_9 + 3*x_{10} + 2*x_{11} + 2*x_{12} \geqq 92$

120: $0*x_1 + 2*x_2 + x_3 + 3*x_4 + x_5 + x_6 + 0*x_7 + 0*x_8 + x_9 + 3*x_{10} + 2*x_{11} + 2*x_{12} \geqq 92$

$$130: 0*x_1 + 2*x_2 + x_3 + 3*x_4 + x_5 + x_6 + 0*x_7 + 0*x_8 + x_9 + 3*x_{10} + 2*x_{11} + 2*x_{12} \geqq 92$$

$$140: 0*x_1 + 2*x_2 + x_3 + 3*x_4 + x_5 + x_6 + 0*x_7 + 0*x_8 + x_9 + 3*x_{10} + 2*x_{11} + 2*x_{12} \geqq 92$$

$$150: 0*x_1 + 2*x_2 + x_3 + 3*x_4 + x_5 + x_6 + 0*x_7 + 0*x_8 + x_9 + 3*x_{10} + 2*x_{11} + 2*x_{12} \geqq 92$$

엑셀 데이터를 다음과 같이 정의한다.

	A	B	C	D	E	F	G	H	I	J	K	L	M	N	O	P	Q
1								Product									
2		Pattern	40	50	60	70	80	90	100	110	120	130	140	150	CutCount	Qty	TotalQty
3		1	0	0	1	0	0	0	2	1	3	1	1	0	9		
4		2	2	1	5	1	0	2	2	0	1	0	0	0	14		
5		3	1	0	2	2	0	1	1	0	3	0	0	1	11		TotalCut
6		4	3	1	0	0	0	1	1	1	1	2	0	1	11		
7		5	1	0	1	1	1	1	0	1	0	2	1	1	10		
8	CutId	6	1	1	3	0	1	2	2	0	1	0	0	1	12		
9		7	0	0	1	0	2	2	2	0	1	1	0	1	10		
10		8	0	1	2	2	1	1	0	1	1	0	1	1	11		
11		9	1	1	3	2	0	0	1	0	3	1	0	0	12		
12		10	3	3	3	1	0	0	0	2	1	0	1	0	14		
13		11	2	1	1	1	1	1	2	1	1	0	1	0	12		
14		12	2	0	1	0	0	1	0	1	1	3	0	1	10		
15		Demand	92	96	57	72	69	78	94	88	64	79	97	92			
16		Supply															

SolverStudio - Data Items Editor

Name:	Cell Range:	Index Range(s):	Value if Missing:
<Add New Data Item>			
CutCount	O3:O14	CutId	<Report an error>
CutId	B3:B14		
Demand	C15:N15	Product	<Report an error>
Pattern	C3:N14	CutId, Product	<Report an error>
Product	C2:N2		
Qty	P3:P14	CutId	<Report an error>
Supply	C16:N16	Product	<Report an error>
TotalCut	Q6		
TotalQty	Q3		

CutCount는 각 절단패턴(CutId)별 절단횟수를 나타내며, Demand는 Product(제품)별 주문량을 표현한다. Pattern데이터는 2차원 데이터이며 행은 CutId(절단패턴)이고 열은 Product(제품)로 구성되고 각 절단패턴별 제품사이즈 산출량을 표현한다. 예를 들어 1번 패턴은 60(1개), 100(2개), 110(1개), 120(3개), 140(1개)로 구성된다. Qty는 절단패턴별 생산개수를 나타내며 최적화 모델에서 나온 변수의 해를 시스템이 출력하게 된다. Supply는 해가 결정되면 자동으로 계산되어 나오는 실제공급량을 나타낸다.

위 모델의 목적값 변수로 TotalQty(실제 사용된 표준 파이프 개수) 혹은 TotalCut(총 절단 작업 개수)을 사용할 수 있다. 선형계획법으로 풀기 위한 전체 코드는 다음과 같다.

```
from pulp import *
prob = LpProblem('CuttingPlan',LpMinimize)

Qty_vars = LpVariable.dicts('Q',CutId,0,None,LpInteger)
Supply_vars = LpVariable.dicts('S',Product,0,None,LpInteger)
TotalQty_var = LpVariable('TotalQty',0,None,LpInteger)
TotalCut_var = LpVariable('TotalCut',0,None,LpInteger)

prob += TotalQty_var
#prob += TotalCut_var

prob += lpSum(Qty_vars)==TotalQty_var
prob += lpSum([Qty_vars[c]*CutCount[c] for c in CutId])==TotalCut_var

for p in Product:
    prob += lpSum([Qty_vars[c]*Pattern[c,p] for c in CutId])==Supply_vars[p]
    prob += Supply_vars[p]>=Demand[p]

prob.solve()
print "Status:", LpStatus[prob.status]

TotalQty=TotalQty_var.varValue
TotalCut=TotalCut_var.varValue

for c in CutId:
    Qty[c]=Qty_vars[c].varValue

for p in Product:
    Supply[p]=Supply_vars[p].varValue
```

주요 코드 설명은 다음과 같다.

코드	Qty_vars = LpVariable.dicts('Q',CutId,0,None,LpInteger)
설명	각 절단패턴별 생산개수를 결정하는 변수이다.

코드	`Supply_vars = LpVariable.dicts('S',Product,0,None,LpInteger)`
설명	생산개수를 결정되면 자동 계산되는 사이즈별 공급량이다. 뒤에서 계산방법을 제약식으로 표현한다.

코드	`TotalQty_var = LpVariable('TotalQty',0,None,LpInteger)`
설명	사용된 표준파이프 개수이다. 생산개수가 결정되면 자동계산된다. 뒤에서 계산방법을 제약식으로 표현한다.

코드	`TotalCut_var = LpVariable('TotalCut',0,None,LpInteger)`
설명	절단작업 총 횟수를 나타낸다. 생산개수가 결정되면 자동계산된다. 뒤에서 계산방법을 제약식으로 표현한다.

코드	`prob += TotalQty_var` `#prob += TotalCut_var`
설명	목적을 표준파이프 개수(TotalQty_var)로 할지 절단작업개수(TotalCut_var)로 할지 결정하는 코드이다. 사용하지 않는 목적값 변수를 주석('#')처리하여 사용한다.

코드	`prob += lpSum(Qty_vars)==TotalQty_var` `prob += lpSum([Qty_vars[c]*CutCount[c] for c in CutId])==TotalCut_var`
설명	TotalQty_var와 TotalCut_var가 계산되는 방식을 제약으로 표현한 코드이다. TotalQty_var는 표준파이프개수(Qty_vars)의 단순합이다. TotalCut_var는 표준파이프개수(Qty_vars)에 각 절단작업개수(CutCount)를 곱하고 전체 합을 구한다.

코드

```
for p in Product:
    prob += lpSum([Qty_vars[c]*Pattern[c,p] for c in CutId])
        ==Supply_vars[p]
    prob += Supply_vars[p]>=Demand[p]
```

설명

각 제품별로 공급량(Supply_vars)를 계산하는 방식을 표현하고, 공급량이 실제주문량(수요량) 이상이 되도록 제약을 설정하는 코드이다.
lpSum([Qty_vars[c]*Pattern[c, p] for c in CutId]) 는 12가지 절단패턴에서 만들어지는 제품의 총합을 구하는 코드이다.

TotalQty_var(표준파이트 개수)를 최소화하는 목적으로 만들어지는 최적해는 다음과 같다. 4번패턴 2개, 5번패턴 38개, 6번패턴 23개, 8번패턴 29개, 10번패턴 7개, 11번패턴 23개를 만들어 총 표준파이프를 122개 사용하게 된다.

		Product														
	Pattern	40	50	60	70	80	90	100	110	120	130	140	150	CutCount	Qty	TotalQty
CutId	1	0	0	1	0	0	0	2	1	3	1	1	0	9	0	122
	2	2	1	5	1	0	2	2	0	1	0	0	0	14	0	
	3	1	0	2	2	0	1	1	0	3	0	0	1	11	0	TotalCut
	4	3	1	0	0	0	1	1	1	1	2	0	1	11	2	1371
	5	1	0	1	1	1	1	0	1	0	2	1	1	10	38	
	6	1	1	3	0	1	2	2	0	1	0	0	1	12	23	
	7	0	0	1	0	2	2	2	0	1	1	0	1	10	0	
	8	0	1	2	2	1	1	0	1	1	0	1	1	11	29	
	9	1	1	3	2	0	0	1	0	3	1	0	0	12	0	
	10	3	3	3	1	0	0	0	2	1	0	1	0	14	7	
	11	2	1	1	1	1	1	2	1	1	0	1	0	12	23	
	12	2	0	1	0	0	1	0	1	1	3	0	1	10	0	
	Demand	92	96	57	72	69	78	94	88	64	79	97	92			
	Supply	134	98	209	126	113	138	94	106	84	80	97	92			

TotalCut_var(총 절단작업 개수)를 최소화하는 목적으로 만들어지는 최적해는 다음과 같다. 1번패턴 25개, 4번패턴 24개, 5/6번패턴 3개, 8번패턴 62개, 11번패턴 7개를 만들어 총 작업횟수를 1321번으로 줄였다.

		Product														
	Pattern	40	50	60	70	80	90	100	110	120	130	140	150	CutCount	Qty	TotalQty
CutId	1	0	0	1	0	0	0	2	1	3	1	1	0	9	25	124
	2	2	1	5	1	0	2	2	0	1	0	0	0	14	0	
	3	1	0	2	2	0	1	1	0	3	0	0	1	11	0	TotalCut
	4	3	1	0	0	0	1	1	1	1	2	0	1	11	24	1321
	5	1	0	1	1	1	1	0	1	0	2	1	1	10	3	
	6	1	1	3	0	1	2	2	0	1	0	0	1	12	3	
	7	0	0	1	0	2	2	2	0	1	1	0	1	10	0	
	8	0	1	2	2	1	1	0	1	1	0	1	1	11	62	
	9	1	1	3	2	0	0	1	0	3	1	0	0	12	0	
	10	3	3	3	1	0	0	0	2	1	0	1	0	14	0	
	11	2	1	1	1	1	1	2	1	1	0	1	0	12	7	
	12	2	0	1	0	0	1	0	1	1	3	0	1	10	0	
	Demand	92	96	57	72	69	78	94	88	64	79	97	92			
	Supply	92	96	168	134	75	102	94	121	171	79	97	92			

5.6 화물적재문제

공장에서 생산한 10가지 제품을 5개의 트럭에 적재하여 운송하는 방법을 생각해 보자. 각 제품의 무게(Weight), 부피(Volume), 수송이익(LoadValue), 총수량(QtyLimit) 데이터가 아래와 같이 주어진다. 각 트럭이 실을 수 있는 최대 무게는 1800kg이고 최대 부피는 20m^{3}이다. 수송이익을 최대화하는 선형계획법을 만들어 보자.

Item	Weight	Volume	LoadValue	QtyLimit
1	30	0.1	2.36	20
2	13	0.2	4.52	37
3	26	0.5	3.93	29
4	24	0.3	2.9	27
5	27	0.3	3.5	39
6	25	0.1	3.16	27
7	28	0.1	4.85	30
8	20	0.1	2.78	37
9	24	0.4	4.07	22
10	11	0.4	3.3	29

위 문제를 선형계획법으로 모델링 하기 위해서는 각 제품별 트럭적재량 변수를 정의하고 전체 수송이익을 계산하는 목적식과 무게, 부피 및 수량 한계를 표현하는 제약식을 표현해야 한다.

1 변수

x_{ij}: 제품 i 별 트럭 j 적재량

$i = 1 \dots 10$

$j = 1 \dots 5$

2 목적식

수송이익 최대화: $\sum_{i=1}^{10} \sum_{j=1}^{5} P_i * x_{ij}$

P_i = 제품 i 수송이익

3 제약식

(수량제약) 모든 제품 i에 대하여 $\sum_{j=1}^{5} x_{ij} \leqq Q_i$

Q_i: 제품 i 수량

(무게제약) 모든 트럭 j에 대하여 $\sum_{i=1}^{10} W_i * x_{ij} \leqq 1800$

W_i: 제품 i의 1개당 무게

(부피제약) 모든 트럭 j에 대하여 $\sum_{i=1}^{10} V_i * x_{ij} \leqq 20$

V_i: 제품 i의 1개당 부피

엑셀데이터를 다음과 같이 정의한다.

	A	B	C	D	E	F	G	H	I	J	K	L	M	N
1							Truck							
2		Item	Weight	Volume	LoadValue	QtyLimit	1	2	3	4	5	TotalLoadQty		
3	Item	1	30	0.1	2.36	20								
4		2	13	0.2	4.52	37								
5		3	26	0.5	3.93	29								
6		4	24	0.3	2.9	27								
7		5	27	0.3	3.5	39								
8		6	25	0.1	3.16	27								
9		7	28	0.1	4.85	30								
10		8	20	0.1	2.78	37								
11		9	24	0.4	4.07	22								
12		10	11	0.4	3.3	29								
13						TotalWeight								
14						TotalVolume								
15														
16						WeightLimit	1800							
17						VolumeLimit	20							
18														
19						TotalLoadValue								

SolverStudio - Data Items Editor

Name:	Cell Range:	Index Range(s):
<Add New Data Item>		
E_Item	B3:B12	
E_Truck	G2:K2	
I_LoadValue	E3:E12	E_Item
I_QtyLimit	F3:F12	E_Item
I_Volume	D3:D12	E_Item
I_VolumeLimit	G17	
I_Weight	C3:C12	E_Item
I_WeightLimit	G16	
O_Assign	G3:K12	E_Item, E_Truck
O_TotalLoadQty	L3:L12	E_Item
O_TotalLoadValue	G19	
O_TotalVolume	G14:K14	E_Truck
O_TotalWeight	G13:K13	E_Truck

각 데이터 의미는 다음과 같다. E로 시작되는 데이터는 인덱스이고, I로 시작되는 것은 입력값, O로 시작되는 값은 출력값을 의미한다.

데이터 이름	의미
E_Item	제품 인덱스
E_Truck	트럭 인덱스
I_LoadValue	각 제품별 수송이익
I_QtyLimit	각 제품별 수량
I_Volume	각 제품별 부피
I_VolumeLimit	트럭 부피 한계
I_Weight	각 제품별 무게
I_WeightLimit	트럭 무게 한계
O_Assign	제품별 트럭 실제 적재량
O_TotalLoadQty	트럭에 적재된 제품별 총량
O_TotalLoadValue	총 수송이익 목적함수 값
O_TotalVolume	각 트럭별 총 적재부피
O_TotalWeight	각 트럭별 총 적재무게

Python 전체 코드는 다음과 같다.

```
from pulp import *
prob = LpProblem('LoadingPlan',LpMaximize)

Assign_vars= LpVariable.dicts('A',(E_Item,E_Truck),0,None,LpInteger)
TotalLoadQty_vars = LpVariable.dicts('Q',E_Item,0,None)
TotalWeight_vars = LpVariable.dicts('W',E_Truck,0,None)
TotalVolume_vars = LpVariable.dicts('V',E_Truck,0,None)
TotalLoadValue_var = LpVariable('TotalLoadValue',0,None)

prob += TotalLoadValue_var
prob += lpSum([Assign_vars[i][t]*I_LoadValue[i] for i in E_Item for t in
        E_Truck]) \
        ==TotalLoadValue_var

for i in E_Item:
```

```
    prob += lpSum([Assign_vars[i][t] for t in E_Truck])==TotalLoadQty_vars[i]
    prob += TotalLoadQty_vars[i] <= I_QtyLimit[i]

for t in E_Truck:
    prob += lpSum([Assign_vars[i][t]*I_Weight[i] for i in E_Item])
            ==TotalWeight_vars[t]
    prob += lpSum([Assign_vars[i][t]*I_Volume[i] for i in E_Item])
            ==TotalVolume_vars[t]
    prob += TotalWeight_vars[t]<=I_WeightLimit
    prob += TotalVolume_vars[t]<=I_VolumeLimit

prob.solve()
print "Status:", LpStatus[prob.status]

O_TotalLoadValue=TotalLoadValue_var.varValue

for i in E_Item:
   for t in E_Truck:
     O_Assign[i,t]=Assign_vars[i][t].varValue

for i in E_Item:
    O_TotalLoadQty[i]=TotalLoadQty_vars[i].varValue

for t in E_Truck:
    O_TotalWeight[t]=TotalWeight_vars[t].varValue
    O_TotalVolume[t]=TotalVolume_vars[t].varValue
```

주요 코드 설명은 다음과 같다.

코드	Assign_vars= LpVariable.dicts('A',(E_Item,E_Truck),0,None,LpInteger) TotalLoadQty_vars = LpVariable.dicts('Q',E_Item,0,None) TotalWeight_vars = LpVariable.dicts('W',E_Truck,0,None) TotalVolume_vars = LpVariable.dicts('V',E_Truck,0,None) TotalLoadValue_var = LpVariable('TotalLoadValue',0,None)
설명	Assign_vars는 제품의 트럭별 적재량을 표현하는 메인변수이며, "Total"로 시작되는 나머지는 메인변수가 결정되면 자동 계산되는 값을 표현하기 위해서 정의된 임시 변수이다. 계산식은 제약식에서 제시한다.

코드	설명

`prob += TotalLoadValue_var`
`prob += lpSum([Assign_vars[i][t]*I_LoadValue[i] for i in E_Item for t in E_Truck]) \`
`==TotalLoadValue_var`
	총수송이익(TotalLoadValue_var)을 목적값으로 정의하고, 목적값이 어떻게 계산되는지 제약으로 표현한다. Assign_vars는 이진변수이고 여기에 제품i의 수송이익을 곱하여 총수송이익을 계산한다.

코드

```
prob += TotalLoadValue_var
prob += lpSum([Assign_vars[i][t]*I_LoadValue[i] for i in E_Item for t in
        E_Truck]) \
        ==TotalLoadValue_var
```

설명 총수송이익(TotalLoadValue_var)을 목적값으로 정의하고, 목적값이 어떻게 계산되는지 제약으로 표현한다. Assign_vars는 이진변수이고 여기에 제품i의 수송이익을 곱하여 총수송이익을 계산한다.

코드

```
for i in E_Item:
    prob += lpSum([Assign_vars[i][t] for t in E_Truck])
            ==TotalLoadQty_vars[i]
    prob += TotalLoadQty_vars[i] <= I_QtyLimit[i]
```

설명 각 제품별적재량(TotalLoadQty_vars)을 계산하는 방식을 제약으로 표현하고, 제품별적재량이 제품수량을 초과하지 않도록 제약을 설정한다.

코드

```
for t in E_Truck:
    prob += lpSum([Assign_vars[i][t]*I_Weight[i] for i in E_Item])
            ==TotalWeight_vars[t]
    prob += lpSum([Assign_vars[i][t]*I_Volume[i] for i in E_Item])
            ==TotalVolume_vars[t]
    prob += TotalWeight_vars[t]<=I_WeightLimit
    prob += TotalVolume_vars[t]<=I_VolumeLimit
```

설명 각 트럭별로 총 적재무게와 부피를 계산하는 방식을 제약으로 표현하고, 무게와 부피가 한계량을 초과하지 않도록 제약을 설정한다.

코드

```
O_TotalLoadValue=TotalLoadValue_var.varValue
```

설명 변수에 의해서 계산되는 총수송이익값을 엑셀 셀데이터(O_TotalLoadValue)에 출력한다.

코드

```
for i in E_Item:
   for t in E_Truck:
     O_Assign[i,t]=Assign_vars[i][t].varValue
```

설명 제품별 트럭적재량 값을 엑셀 셀데이터(O_Assign)에 출력한다.

코드	<pre>for i in E_Item:
	    O_TotalLoadQty[i]=TotalLoadQty_vars[i].varValue</pre>

설명	각 제품별 총탑재량을 엑셀 셀데이터(O_TotalLoadQty)에 출력한다.

코드	<pre>for t in E_Truck:
	    O_TotalWeight[t]=TotalWeight_vars[t].varValue
	    O_TotalVolume[t]=TotalVolume_vars[t].varValue</pre>

설명	각 트럭별 총 적재무게와 부피량을 엑셀 셀데이터(O_TotalWeight, O_TotalVolume)에 출력한다.

최적 적재계획은 다음과 같다.

						Truck					
	Item	Weight	Volume	LoadValue	QtyLimit	1	2	3	4	5	TotalLoadQty
Item	1	30	0.1	2.36	20	0	20	0	0	0	20
	2	13	0.2	4.52	37	0	0	0	0	37	37
	3	26	0.5	3.93	29	1	28	0	0	0	29
	4	24	0.3	2.9	27	0	0	0	27	0	27
	5	27	0.3	3.5	39	39	0	0	0	0	39
	6	25	0.1	3.16	27	0	0	0	0	27	27
	7	28	0.1	4.85	30	0	0	0	7	23	30
	8	20	0.1	2.78	37	0	0	37	0	0	37
	9	24	0.4	4.07	22	0	0	0	22	0	22
	10	11	0.4	3.3	29	19	10	0	0	0	29
					TotalWeight	1288	1438	740	1372	1800	
					TotalVolume	19.8	20	3.7	17.6	12.4	

WeightLimit	1800
VolumeLimit	20

TotalLoadValue	1062

6

네트워크 최적화 이론과 응용

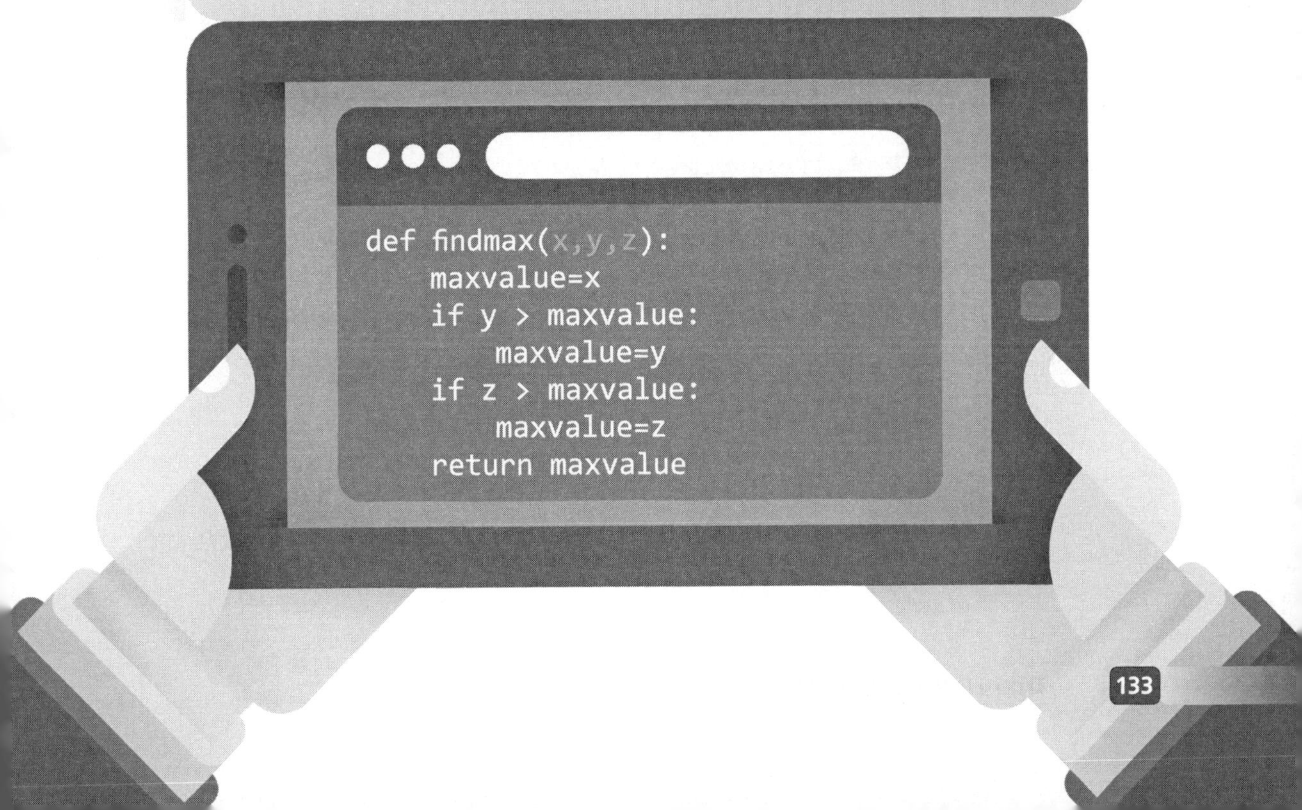

6.1 개요

네트워크모형(Network model)은 아래 그림과 같이 어떤 문제를 노드(Node)와 아크(Arc)로 표현하는 수학적 모형이다.

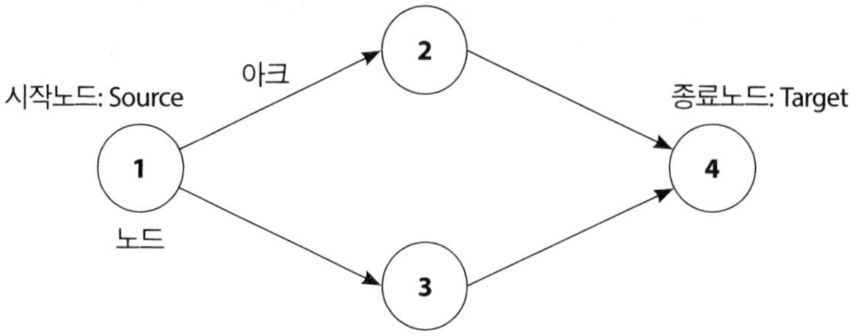

노드는 시간적 지점(사건의 발생시점, 진행단계) 혹은 공간적지점(도시, 물류센터) 등을 표현한다. 아크는 시간의 흐름, 물류의 흐름을 표현하며 방향성이 있고 용량과 비용이 주어질 수 있다. 네트워크 모형은 아래와 같이 3가지로 나눌 수 있다.

❶ 최소비용흐름모델: S에서 T까지 특정량을 최소비용으로 보내는 방법을 찾는 문제

❷ 최대흐름모델: S에서 T까지 많이 보낼 수 있는 방법을 찾는 문제

❸ 최단경로모델: S에서 T까지 가장 짧은 경로를 찾는 문제

네트워크 모형은 선형계획법의 특수한 형태이며 다음과 같이 선형계획법 수학식으로 표현할 수 있다.

① 변수: 아크의 흐름량을 변수로 설정한다.

② 목적식: 네트워크 모형 종류에 따라 다르다.

③ 제약식: 각 노드의 순수공급량 제약을 사용한다. 순수공급량 = 유출량 − 유입량을 의미한다. 문제의 성격에 따라 아래와 같이 순수공급량을 특정 값이 되도록 제약을 만들어 준다.

$$\text{순수공급량} = \text{의무유출량}$$

네트워크 모형은 정수제약을 사용하지 않아도 항상 정수해가 나오는 특징을 가지고 있다.

(1) 최소비용흐름모델

네트워크에서 각 아크에 용량과 수송비용이 주어지면서, 시작노드(S, source)에서 종료노트(T, target)까지 정해진 수량을 최소비용으로 보내는 방법을 찾는 모델이다. 아래 모형은 S에서 T까지 100을 보내는 방법을 아크에 표시(밑줄친 수량)하고 있다.

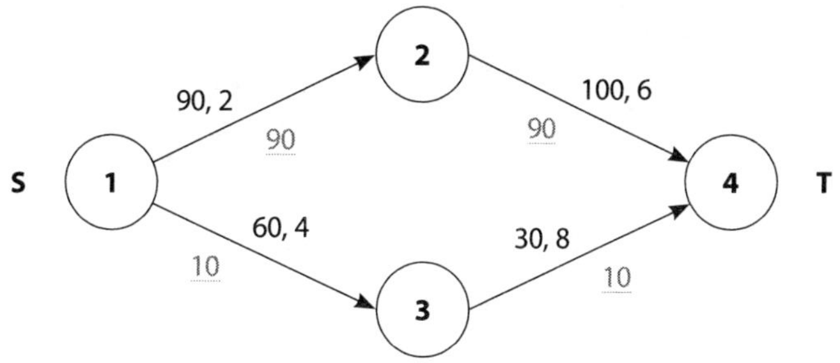

위 네트워크 모형 수송방법은 노드 1 에서 노드 2로 90을 보내고, 노드 1에서 노드 3까지는 10을 보내고 있다. 노드 2에서 노드 4까지 90을 보내고, 노드 3에서 노드 4까지 10을 보내서 결과적으로 노드 4에 총 100개가 유입되고 있다. 전체 수송비용은 아래와 같이 계산할 수 있다.

$$90*2 + 10*4 + 90*6 + 10*8 = 840$$

최소비용흐름네트워크 모형의 수학모델은 아래와 같이 표현할 수 있다.

1 변수

x_{ij}: 노드 i에서 노드 j까지의 흐름량

위 문제에서는 4개의 변수가 존재한다. $x_{12}, x_{13}, x_{24}, x_{34}$

2 목적식

총수송비용 최소화, 총수송비용 $= 2*x_{12} + 4*x_{13} + 6*x_{24} + 8*x_{34}$

3 제약식

(각 노드의 순수공급량 제약)

1번 노드: $x_{12} + x_{13} = 100$, 2번 노드: $x_{24} - x_{12} = 0$

3번 노드: $x_{34} - x_{13} = 0$, 4번 노드: $-(x_{24} + x_{34}) = -100$

(각 아크의 용량 제약)

$x_{12} \leqq 90, x_{13} \leqq 60, x_{24} \leqq 100, x_{34} \leqq 30$

(2) 최대흐름모델

최대흐름 문제는 각 아크에 용량이 주어지고 시작노드에서 종료노드까지 가장 많이 보내는 방법을 찾는 문제이다. 아래 그림은 1번 노드에서 4번 노드까지 총 130을 보낼 수 있는 수송 방법을 아크에 표시(밑줄친 수량)하고 있다.

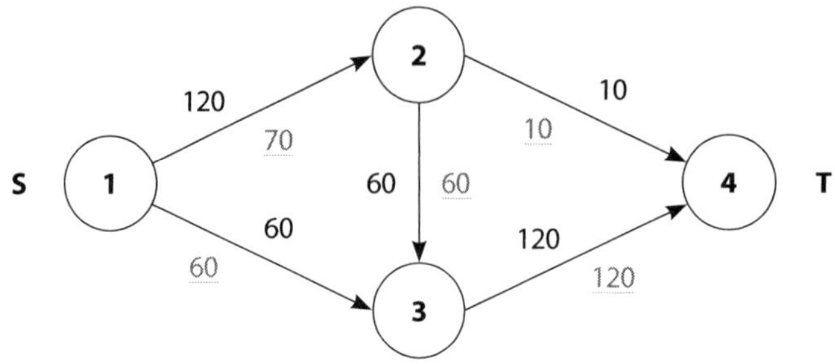

최대흐름네트워크 문제는 아래와 같이 선형계획법으로 표현할 수 있다.

1 변수

x_{ij}: 노드 i에서 노드 j까지의 흐름량

위 문제에서는 5개의 변수가 존재한다. $x_{12}, x_{13}, x_{23}, x_{24}, x_{34}$

2 목적식

시작노드의 순수공급량 최대화, 즉 1번 노드의 순수공급량 $= x_{12} + x_{13}$을 최대화한다.

3 제약식

(시작과 종료노드를 제외한 노드의 순수공급량 제약)

2번 노드: $x_{23} + x_{24} - x_{12} = 0$, 3번 노드: $x_{34} - (x_{13} + x_{23}) = 0$

(각 아크의 용량 제약)

$x_{12} \leqq 120, x_{13} \leqq 60, x_{23} \leqq 60, x_{24} \leqq 10, x_{34} \leqq 120$

(3) 최단경로모델

최단경로 문제는 각 아크에 거리(비용)이 주어지고 시작노드에서 종료노드까지 최단경로 찾는 문제이다. 아래 그림은 1번 노드에서 4번 노드까지 가는 경로, 1 > 2 > 4 를 표시한 것이다. 총거리는 8이다. 선택된 노드만 값이 1로 설정되었다.

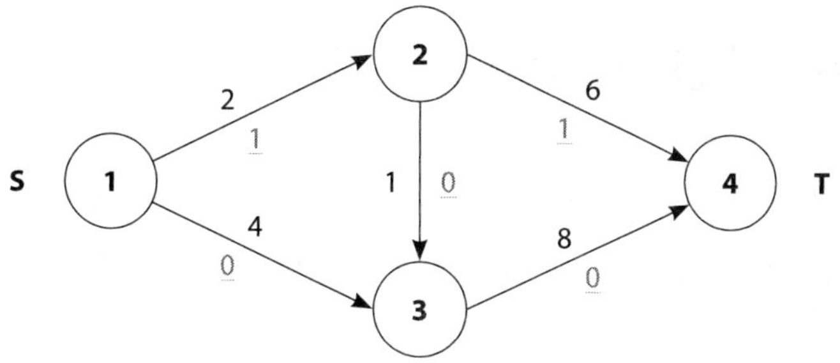

최대흐름네트워크 문제는 아래와 같이 선형계획법으로 표현할 수 있다.

1 변수

x_{ij}: 노드 i에서 노드 j까지의 흐름량,

위 문제에서는 5개의 변수가 존재한다. x_{12}, x_{13}, x_{23}, x_{24}, x_{34}

2 목적식

총수송거리 최소화, 총수송거리 $= 2*x_{12} + 4*x_{13} + 1*x_{23} + 6*x_{24} + 8*x_{34}$

3 제약식

(노드의 순수공급량 제약)

1번 노드: $x_{12} + x_{13} = 1$, 2번 노드: $x_{23} + x_{24} - x_{12} = 0$,

3번 노드: $x_{34} - (x_{13} + x_{23}) = 0$, 4번 노드: $-(x_{24} + x_{34}) = -1$

최소비용흐름/최대흐름/최단경로 3가지 네트워크모형의 선형계획법 모델은 아래와 같은 공통점과 차이점을 가지고 있다.

모형	최소비용흐름문제	최대흐름문제	최단경로문제
변수	아크수송량	아크수송량	아크수송량
목적식	총수송비용 최소화	시작노드 순수공급량 최대화	총수송비용 최소화
제약식	시작노드순수공급량 = 수송량 중간노드순수공급량 = 0 종료노드순수공급량 = 수송량	중간노드순수공급량 = 0	시작노드순수공급량 = 1 중간노드순수공급량 = 0 종료노드순수공급량 = - 1

6.2 최소비용흐름모델 응용

아래 지도에서 인천에서 부산까지 도로를 이용하여 하루동안 70톤을 운반하는 물류문제를 생각해 보자. 각 도시를 연결하는 도로의 하루 최대 운반가능량과 1톤당 운반비용이 주어져 있다. 어떻게 운송하는 것이 가장 비용을 최소화할 수 있을까?

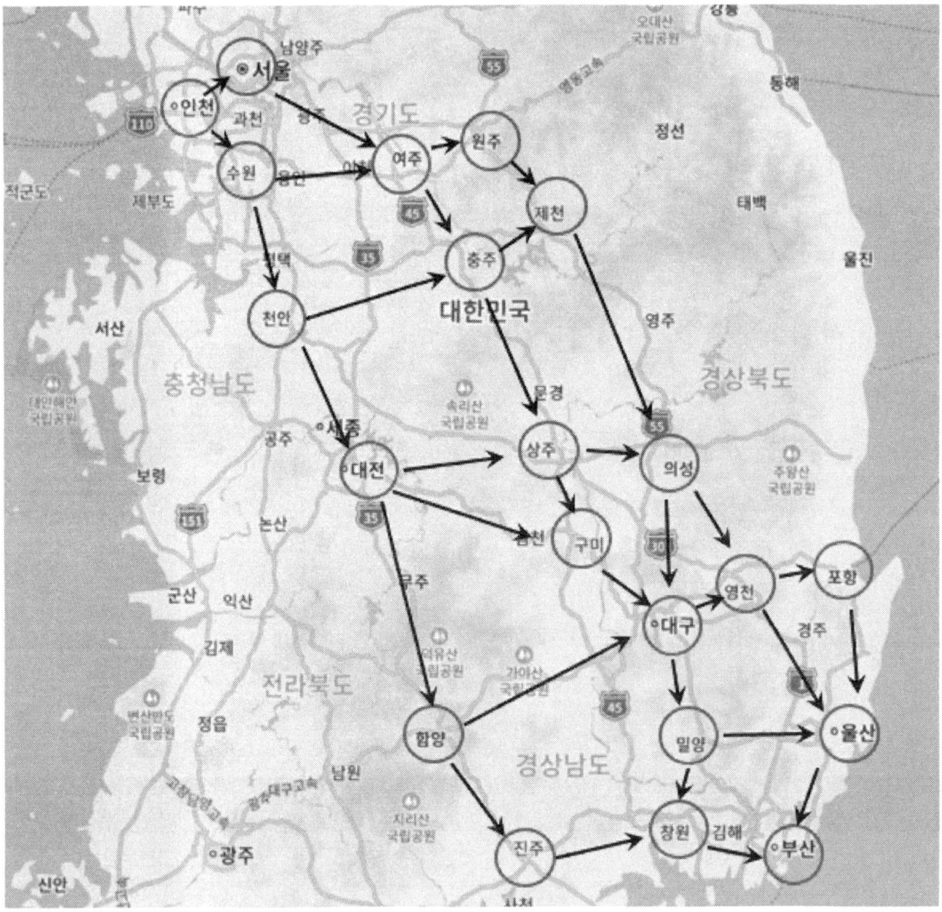

최소비용흐름 계획을 위한 네트워크 모델을 선형계획법으로 모델링하기 위해서는 각 아크의 흐름량을 변수로 설정한다. 도시의 개수는 21개이다.

1 변수

$x_{i,j}$: i도시에서 j도시까지의 흐름량

2 목적식

$$\sum_{i=1}^{21} \sum_{j=1}^{21} x_{i,j} * c_{i,j}$$

$c_{i,j}$: i도시에서 j도시까지 흐름 비용

3 제약식

(흐름 용량) $x_{i,j} \leqq A_{i,j}$

$A_{i,j}$: 도시 i에서 도시 j까지 흐름 용량

(순수공급량) 모든 도시 t에서 대해서 $\sum_{j=1}^{21} x_{t,j} - \sum_{i=1}^{21} x_{i,t} = S_{tj}$

S_t: 도시 t의 순수공급량은 아래와 같이 설정한다.

$S_1 = 70, S_{2 \ldots 20} = 0, S_{21} = -70$

엑셀 데이터 정의는 다음과 같다. E로 시작되는 것은 인덱스이고, I로 시작되는 것은 주어진 값, O로 시작되는 값은 출력 값을 의미한다.

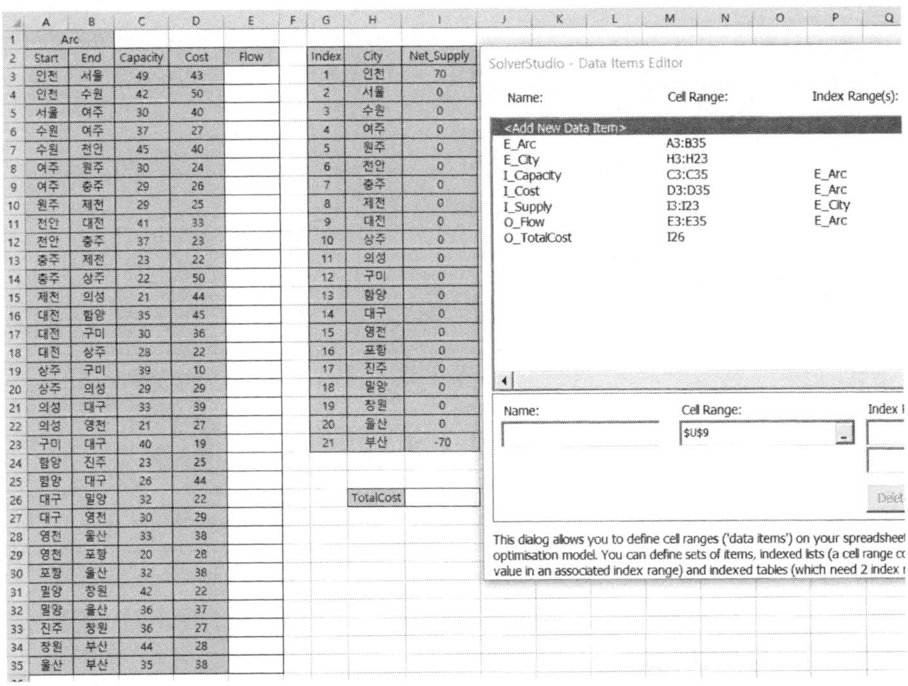

E_Arc는 출발과 도착도시를 나타내는 두 개의 열로 구성된 데이터이다. 실제데이터는 ('인천', '서울')형태로 정의된다. E_City는 21개의 도시이름을 지정하고 있다. I_Capacity, I_Cost

는 각각 네트워크 아크의 용량, 흐름비용을 나타내고 I_Supply는 각 도시의 순수공급량을 나타낸다. O_Flow에 각 아크의 최적흐름량이 출력되고, O_TotalCost에는 총비용이 출력된다.

Python 전체 코드는 다음과 같다.

```
from pulp import *
prob = LpProblem('MinCostFlow',LpMinimize)
flow_vars=LpVariable.dicts("Route",E_Arc,0,None,LpInteger)

prob+=lpSum([flow_vars[a]*I_Cost[a] for a in E_Arc])

for a in E_Arc:
   prob+= flow_vars[a] <= I_Capacity[a]

for c in E_City:
   prob +=  lpSum([flow_vars[(i,j)] for (i,j) in E_Arc if i==c]) \
          - lpSum([flow_vars[(i,j)] for (i,j) in E_Arc if j==c]) \
          == I_Supply[c]

prob.solve()
print "Status:", LpStatus[prob.status]

O_TotalCost=value(prob.objective)

for a in E_Arc:
   O_Flow[a]=flow_vars[a].varValue
```

주요 코드 설명은 다음과 같다.

코드	`flow_vars=LpVariable.dicts("Route",E_Arc,0,None,LpInteger)`
설명	E_Arc(시작노드, 종료노드)로 표현되는 아크의 흐름량을 표현하는 변수를 정의한다.

코드

```
for c in E_City:
   prob +=  lpSum([flow_vars[(i,j)] for (i,j) in E_Arc if i==c]) \
          - lpSum([flow_vars[(i,j)] for (i,j) in E_Arc if j==c]) \
          == I_Supply[c]
```

설명	

설명	각 도시의(E_City) 순수공급량 제약을 생성하는 코드이다. 순수공급량은 아래와 같은 식으로 표현된다.
	
	순수공급량 = 유출량 − 유입량
	
	여기서 도시 c의 유출량은 시작노드(i) > 종료노드(j) 아크에서 시작노드(i)가 도시이름 c와 같은 아크의 흐름량을 더한 것이므로 아래와 같은 코드로 표현하면 된다.
	
	`lpSum([flow_vars[(i,j)] for (i,j) in E_Arc if i==c])`
	
	마찬가지로 도시 c의 유입량은 시작노드(i) > 종료노드(j) 아크에서 종료노드(j)가 도시이름 c와 같은 아크의 흐름량을 더한 것이므로 아래와 같은 코드로 표현하면 된다.
	
	`lpSum([flow_vars[(i,j)] for (i,j) in E_Arc if j==c])`

제시한 최적운송계획의 해는 다음과 같다. 비용의 단위는 (천원)이다.

Arc				
Start	End	Capacity	Cost	Flow
인천	서울	49	43	28
인천	수원	42	50	42
서울	여주	30	40	28
수원	여주	37	27	1
수원	천안	45	40	41
여주	원주	30	24	0
여주	충주	29	26	29
원주	제천	29	25	0
천안	대전	41	33	41
천안	충주	37	23	0
충주	제천	23	22	21
충주	상주	22	50	8
제천	의성	21	44	21
대전	함양	35	45	17
대전	구미	30	36	0
대전	상주	28	22	24
상주	구미	39	10	32
상주	의성	29	29	0
의성	대구	33	39	0
의성	영천	21	27	21
구미	대구	40	19	32
함양	진주	23	25	17
함양	대구	26	44	0
대구	밀양	32	22	32
대구	영천	30	29	0
영천	울산	33	38	21
영천	포항	20	28	0
포항	울산	32	38	0
밀양	창원	42	22	27
밀양	울산	36	37	5
진주	창원	36	27	17
창원	부산	44	28	44
울산	부산	35	38	26

Index	City	Net_Supply
1	인천	70
2	서울	0
3	수원	0
4	여주	0
5	원주	0
6	천안	0
7	충주	0
8	제천	0
9	대전	0
10	상주	0
11	의성	0
12	구미	0
13	함양	0
14	대구	0
15	영천	0
16	포항	0
17	진주	0
18	밀양	0
19	창원	0
20	울산	0
21	부산	-70
	TotalCost	18,157

수송계획을 지도상에 표현하면 다음과 같다.

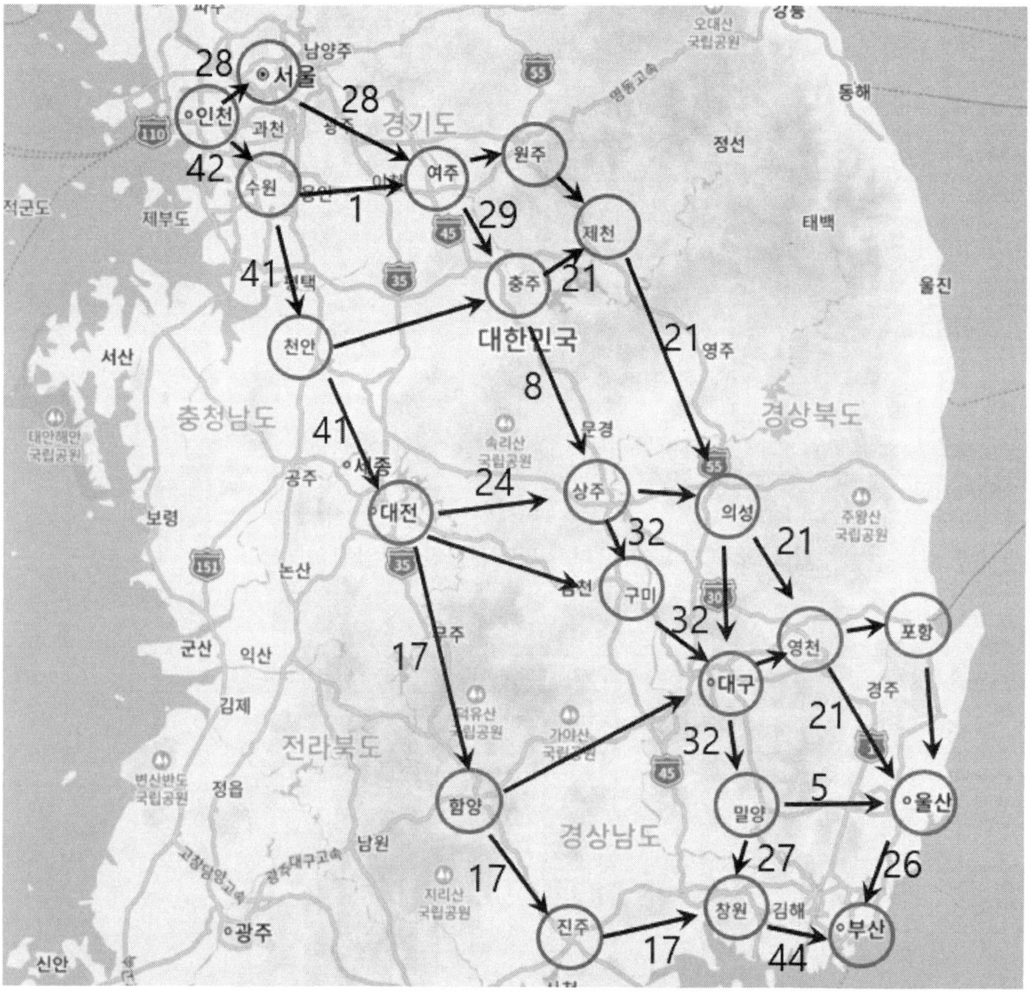

앞에서 소개한 비용최소화 흐름문제는 공급량과 수요량이 일치하는 문제이다. 그런데 공급량과 수요량이 다른 문제는 어떻게 네트워크 문제로 풀 수 있을까 생각해 보자.

(1) 공급량이 수요량을 초과하는 경우

앞에서 제시한 문제는 인천에서 수입한 물품을 부산까지 수송하는 계획이었다. 그런데 아래 그림처럼 군산이라는 도시에서도 물건이 들어오고 대전, 함양을 거쳐 부산까지 수송이 가능하다면 부산까지 70kg 물건을 수송하는 계획은 달라 질 수 있다. 인천에서 총 70kg을 보낼 수 있고, 군산에서는 총 30kg을 보낼 수 있다고 한다.

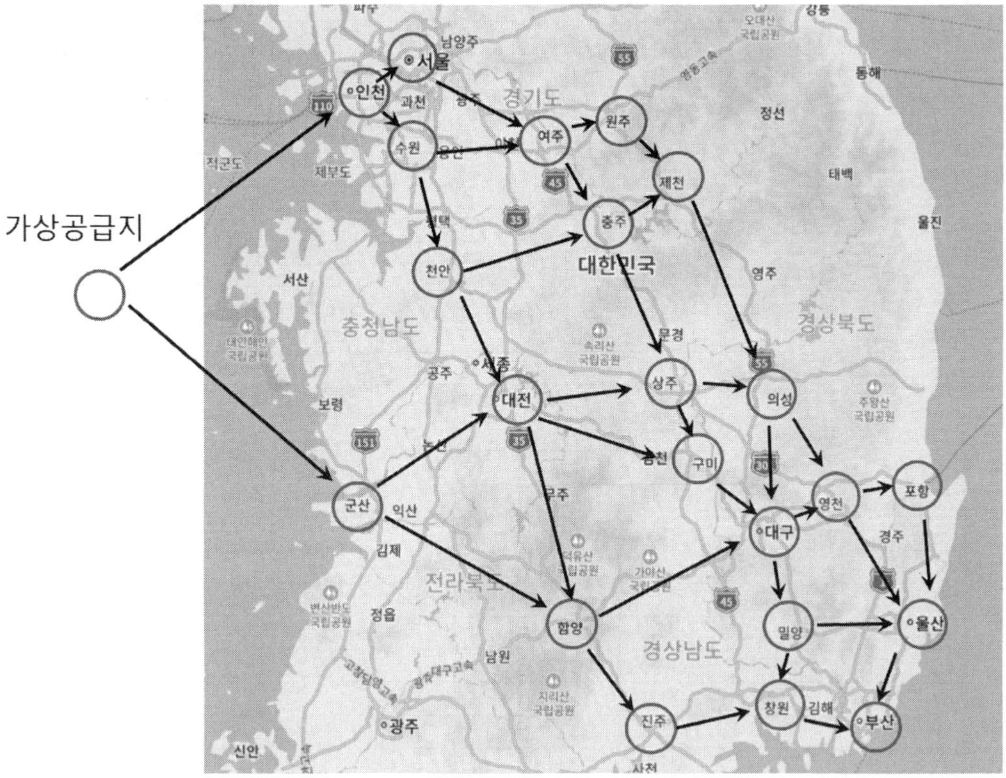

위 문제를 네트워크 모형으로 풀기위해서는 위 그림처럼 가상의 공급지를 삽입하고 가상 > 인천 아크의 용량을 70, 가상 > 군산 아크의 용량을 30으로 설정한다. 가상공급지에서 다른 도시로 가는 수송비용은 0으로 설정한다. 이때 가상공급지의 순수공급량은 70으로 설정하고 인천과 군산의 각각 순수공급량은 0으로 설정한다. 이렇게 하면 공급량과 수요량이 일치하는 네트워크 모형이 된다. 가상노드와 군산노드를 추가한 문제의 해는 다음 그림과 같다.

	Arc				
2	Start	End	Capacity	Cost	Flow
3	**가상**	**인천**	**70**	**0**	40
4	**가상**	**군산**	**30**	**0**	30
5	인천	서울	49	43	0
6	인천	수원	42	50	40
7	서울	여주	30	40	0
8	수원	여주	37	27	21
9	수원	천안	45	40	19
10	여주	원주	30	24	0
11	여주	충주	29	26	21
12	원주	제천	29	25	0
13	천안	대전	41	33	19
14	천안	충주	37	23	0
15	충주	제천	23	22	21
16	충주	상주	22	50	0
17	제천	의성	21	44	21
18	군산	대전	30	34	30
19	군산	함양	10	23	0
20	대전	함양	35	45	21
21	대전	구미	30	36	0
22	대전	상주	28	22	28
23	상주	구미	39	10	28
24	상주	의성	29	29	0
25	의성	대구	33	39	0
26	의성	영천	21	27	21
27	구미	대구	40	19	28
28	함양	진주	23	25	21
29	함양	대구	26	44	0
30	대구	밀양	32	22	28
31	대구	영천	30	29	0
32	영천	울산	33	38	21
33	영천	포항	20	28	0
34	포항	울산	32	38	0
35	밀양	창원	42	22	23
36	밀양	울산	36	37	5
37	진주	창원	36	27	21
38	창원	부산	44	28	44
39	울산	부산	35	38	26

Index	City	Net_Supply
1	가상	70
2	인천	0
3	군산	0
4	서울	0
5	수원	0
6	여주	0
7	원주	0
8	천안	0
9	충주	0
10	제천	0
11	대전	0
12	상주	0
13	의성	0
14	구미	0
15	함양	0
16	대구	0
17	영천	0
18	포항	0
19	진주	0
20	밀양	0
21	창원	0
22	울산	0
23	부산	-70

TotalCost	15,263

위 최적해를 확인해 보면 인천에서 40kg을 받아오고 군산에서 30kg을 받아서 각 도시로 운송하여 부산까지 70kg을 보내는 계획이 만들어 졌다. 인천에서 70kg을 공급할 수 있지만 물류비용을 최소화하기 위하여 40kg만 사용하게 되었다. 기존 문제와 다르게 총 4개의 아크(어두운 셀)가 추가되어 네트워크 모형을 만들었다.

(2) 수요량이 공급량을 초과하는 경우

이번에는 부산에 70kg을 공급하고 추가로 강릉에 40kg을 추가 공급해야 하는 계획을 만들어 보자. 총 공급량은 100kg(인천 70, 군산 30)이지만 총 수요량은 110kg이 되어 수요량이 공급량보다 큰 경우이다.

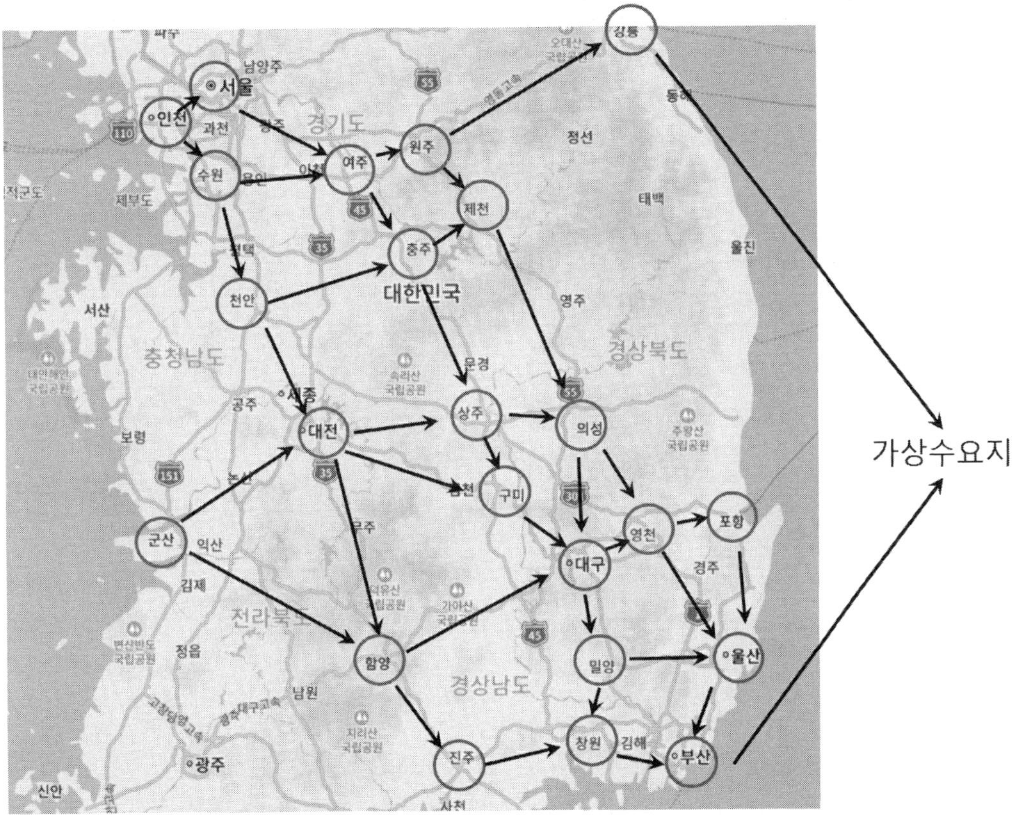

위 문제를 네트워크 모형으로 풀기위해서는 위 그림처럼 가상의 수요지를 삽입하고 강릉 > 가상 아크의 용량을 40, 부산 > 가상 아크의 용량을 70으로 설정한다. 강릉과 부산에서 가상 수요지로 가는 수송비용은 0으로 설정한다. 이때 가상수요지의 순수공급량은 −100으로 설정하고 인천과 군산의 각각 순수공급량은 각각 70, 30으로 설정한다. 이렇게 하면 공급량과 수요량이 일치하는 네트워크 모형이 된다. 아래와 같이 원문제에서 3개의 아크(어두운색)추가 되었다. 최적해는 다음 그림과 같다.

	A	B	C	D	E	F	G	H	I
1	Arc								
2	Start	End	Capacity	Cost	Flow		Index	City	Net_Supply
3	인천	서울	49	43	28		1	인천	70
4	인천	수원	42	50	42		2	군산	30
5	서울	여주	30	40	28		3	서울	0
6	수원	여주	37	27	23		4	수원	0
7	수원	천안	45	40	19		5	여주	0
8	여주	원주	30	24	30		6	원주	0
9	여주	충주	29	26	21		7	천안	0
10	원주	제천	29	25	0		8	충주	0
11	원주	강릉	40	10	30		9	제천	0
12	천안	대전	41	33	19		10	대전	0
13	천안	충주	37	23	0		11	상주	0
14	충주	제천	23	22	21		12	의성	0
15	충주	상주	22	50	0		13	구미	0
16	제천	의성	21	44	21		14	함양	0
17	군산	대전	30	34	30		15	대구	0
18	군산	함양	10	23	0		16	영천	0
19	대전	함양	35	45	21		17	포항	0
20	대전	구미	30	36	0		18	진주	0
21	대전	상주	28	22	28		19	밀양	0
22	상주	구미	39	10	28		20	창원	0
23	상주	의성	29	29	0		21	울산	0
24	의성	대구	33	39	0		22	부산	0
25	의성	영천	21	27	21		23	강릉	0
26	구미	대구	40	19	28		24	가상	-100
27	함양	진주	23	25	21				
28	함양	대구	26	44	0			TotalCost	18,761
29	대구	밀양	32	22	28				
30	대구	영천	30	29	0				
31	영천	울산	33	38	21				
32	영천	포항	20	28	0				
33	포항	울산	32	38	0				
34	밀양	창원	42	22	23				
35	밀양	울산	36	37	5				
36	진주	창원	36	27	21				
37	창원	부산	44	28	44				
38	울산	부산	35	38	26				
39	강릉	가상	40	0	30				
40	부산	가상	70	0	70				

표에서 보는 바와 같이 [강릉 > 가상] 아크의 수송량을 보면, 강릉에 40kg 을 공급해야 하지만 공급부족으로 30kg만 전달되었고, [부산 > 가상] 아크의 수송량을 보면, 부산은 70kg 모두 전달되었다.

최소비용흐름 문제에서 공급량과 수요량이 일치하지 않는 경우 모델링 방법을 아래 표에 정리하였다.

불일치 경우	모델링 방법
공급량 > 수요량	가상의 공급지를 추가하고 가상노드에서 기존 공급지로 아크를 추가한다. 이때 각 아크의 용량은 공급지의 가능 공급량으로 한다. 추가된 아크는 가상의 아크이므로 비용은 0으로 설정한다.
공급량 < 수요량	가상의 수요지를 추가하고 기존 수요지에서 가상노드로 아크를 추가한다. 이때 각 아크의 용량은 수요지의 필요 수요량으로 한다. 추가된 아크는 가상의 아크이므로 비용은 0으로 설정한다.

6.3 최대흐름모델 응용

아래 그림처럼 각 도시를 연결하는 도로의 하루 최대 운반 가능량이 주어져 있다. 인천에서 부산까지 도로를 이용하여 가능한 많은 제품을 운송하는 방법을 찾으려고 한다. 이러한 문제는 네크워크 모형을 이용하여 풀 수 있다.

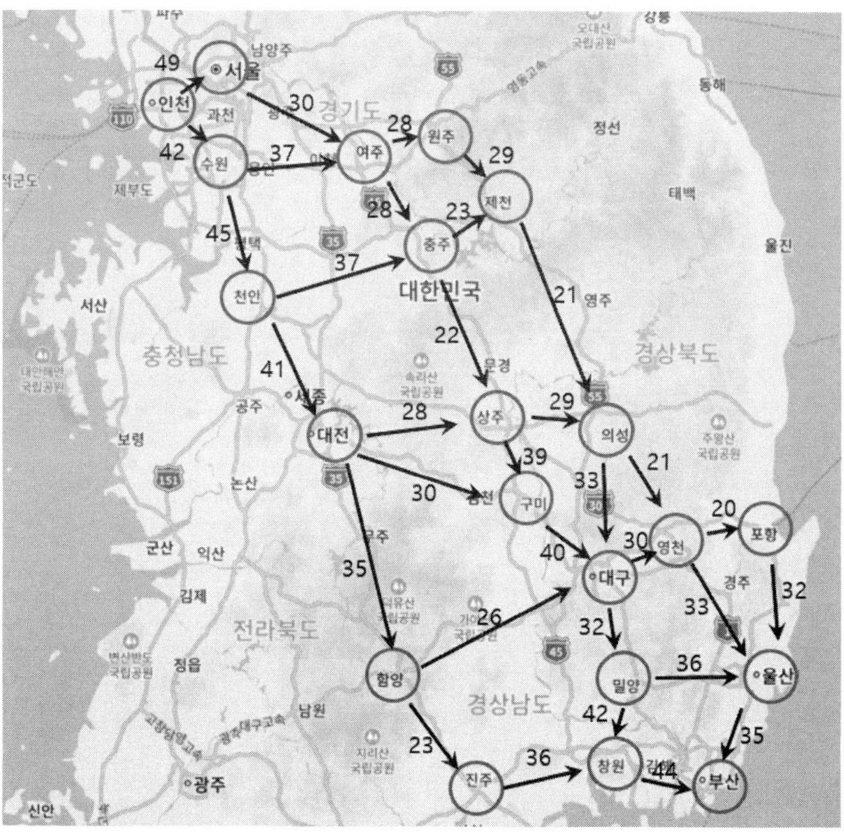

최대흐름 계획을 위한 네트워크 모델을 선형계획법으로 모델링하기 위해서는 각 아크의 흐름량을 변수로 설정한다.

1 변수

$x_{i,j}$: i도시에서 j도시까지의 흐름량

2 목적식

$\sum_{j=1}^{10} x_{i,j}$ 최초공급지의 순수공급량을 최대화한다. (유출량의 합)

3 제약식

(흐름 용량) $x_{i,j} \leqq A_{i,j}$

$A_{i,j}$: 도시 i에서 도시 j까지 흐름 용량

(순수공급량) 모든 도시 t에서 대해서 $\sum_{j=1}^{21} x_{t,j} - \sum_{i=1}^{21} x_{i,t} = S_t$

S_t: 도시 t의 순수공급량은 아래와 같이 설정한다.

$S_{2 \dots 20} = 0$

중간노드만 순수공급량을 0으로 설정하여 유입량이 유출량과 같아지도록 한다. 흐름량을 최대화해야 하므로 최초 공급지와 마지막 수요지에는 순수공급량 제약을 설정하지 않는다.

엑셀 데이터 정의는 다음과 같다. 최소비용흐름문제와 유사하다.

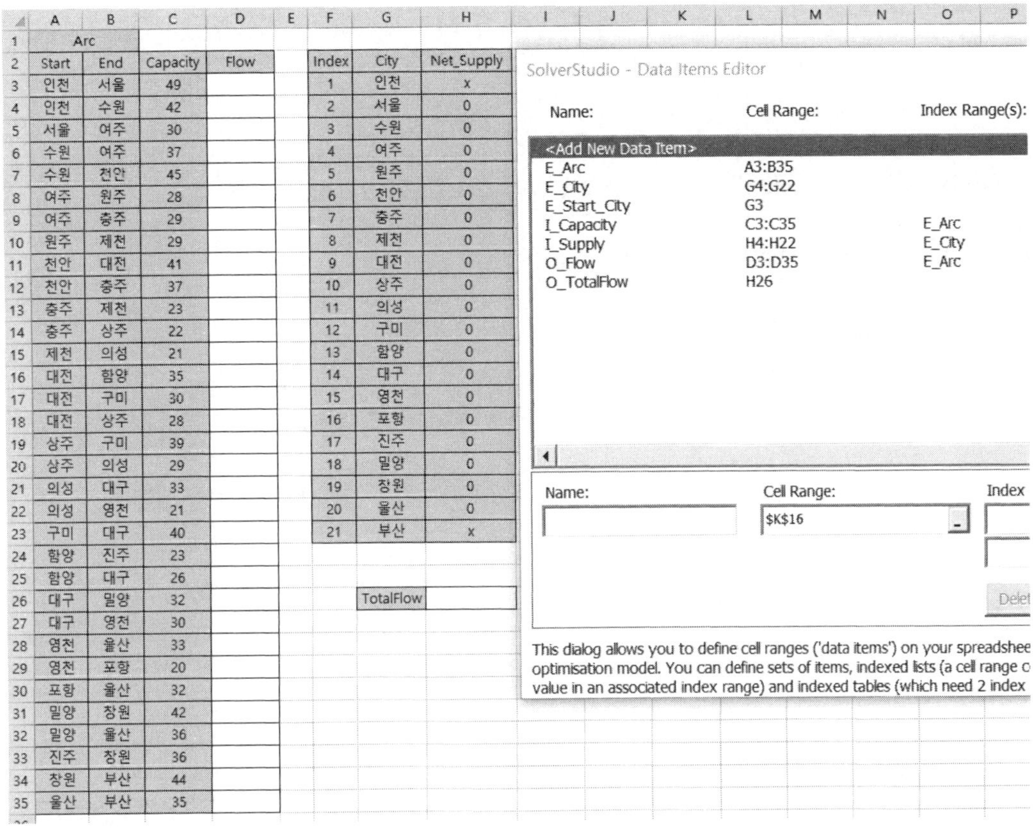

인천과 부산에는 순수공급량(I_Supply) 설정이 빠져있다. E_Start_City는 최초 공급지를 나타내고 현재 인천으로 설정되어 있다. TotalFlow는 인천에서 유출되는 총수량을 의미하며 모델의 목적값이 된다. 전체 Python 코드는 다음과 같다.

```
from pulp import *
prob = LpProblem('MinCostFlow',LpMaximize)
flow_vars=LpVariable.dicts("Route",E_Arc,0,None,LpInteger)

prob+=lpSum([flow_vars[(i,j)] for (i,j) in E_Arc if i==E_Start_City])

for a in E_Arc:
    prob+= flow_vars[a] <= I_Capacity[a]
```

```
for c in E_City:
   prob +=  lpSum([flow_vars[(i,j)] for (i,j) in E_Arc if i==c]) \
          - lpSum([flow_vars[(i,j)] for (i,j) in E_Arc if j==c]) \
          == I_Supply[c]

prob.solve()
print "Status:", LpStatus[prob.status]

O_TotalFlow=value(prob.objective)

for a in E_Arc:
   O_Flow[a]=flow_vars[a].varValue
```

주요 코드 설명은 다음과 같다. 모델을 설정하기 위한 코드는 최소비용흐름문제와 유사하다.

코드	`flow_vars=LpVariable.dicts("Route",E_Arc,0,None,LpInteger)`
설명	E_Arc에 등록된 아크의 흐름량 변수를 생성한다.

코드	`prob+=lpSum([flow_vars[(i,j)] for (i,j) in E_Arc if i==E_Start_City])`
설명	최초 공급지(인천)의 유출량 합을 목적식으로 설정한다. flow_vars 변수 중에 i 인덱스가 E_Start_City와 동일한 변수만 합을 구한다.

코드	`for a in E_Arc:` `   prob+= flow_vars[a] <= I_Capacity[a]`
설명	아크의 흐름 용량 제약을 생성한다.

코드	`for c in E_City:`
	`   prob +=  lpSum([flow_vars[(i,j)] for (i,j) in E_Arc if i==c]) \`
	`          - lpSum([flow_vars[(i,j)] for (i,j) in E_Arc if j==c]) \`
	`          == I_Supply[c]`

설명	각 도시의 순수공급량 제약을 설정한다. E_City에는 인천과 부산이 빠져있다.

제시된 문제의 최적해는 다음과 같다. 아래와 같은 흐름으로 인천에서 부산까지 최대 72kg을 수송할 수 있다.

Start	End	Capacity	Flow
인천	서울	49	30
인천	수원	42	42
서울	여주	30	30
수원	여주	37	1
수원	천안	45	41
여주	원주	28	9
여주	충주	29	22
원주	제천	29	9
천안	대전	41	41
천안	충주	37	0
충주	제천	23	0
충주	상주	22	22
제천	의성	21	9
대전	함양	35	23
대전	구미	30	18
대전	상주	28	0
상주	구미	39	0
상주	의성	29	22
의성	대구	33	26
의성	영천	21	5
구미	대구	40	18
함양	진주	23	23
함양	대구	26	0
대구	밀양	32	14
대구	영천	30	30
영천	울산	33	33
영천	포항	20	2
포항	울산	32	2
밀양	창원	42	14
밀양	울산	36	0
진주	창원	36	23
창원	부산	44	37
울산	부산	35	35

Index	City	Net_Supply
1	인천	x
2	서울	0
3	수원	0
4	여주	0
5	원주	0
6	천안	0
7	충주	0
8	제천	0
9	대전	0
10	상주	0
11	의성	0
12	구미	0
13	함양	0
14	대구	0
15	영천	0
16	포항	0
17	진주	0
18	밀양	0
19	창원	0
20	울산	0
21	부산	x

TotalFlow	72

6.4 최단경로모델 응용

아래 그림처럼 각 도시를 연결하는 도로의 거리가 주어져 있다. 인천에서 부산까지 최단경로를 찾으려고 한다.

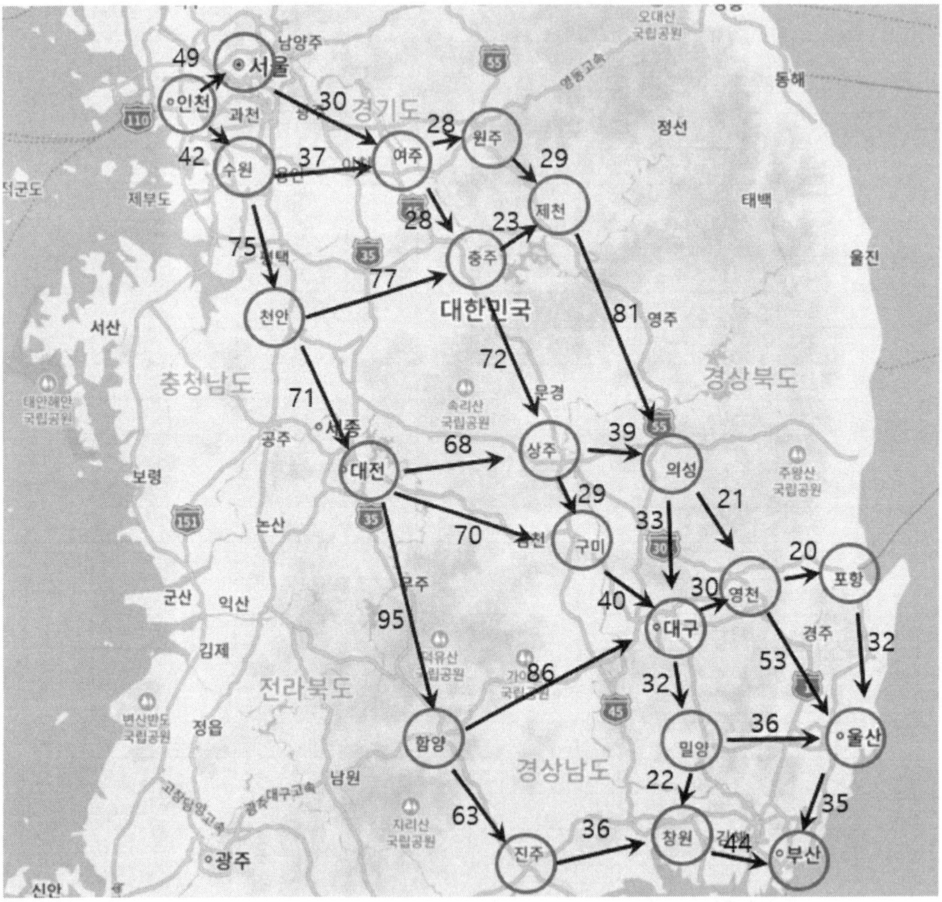

최단경로 네트워크 모델을 선형계획법으로 모델링하기 위해서는 각 아크의 선택변수를 설정한다. 실제 최적해를 구하면 변수값은 0 혹은 1값이 구해진다.

1 변수

$x_{i,j}$: i도시에서 j도시까지의 경로선택여부

② 목적식

$$\sum_{i=1}^{21} \sum_{j=1}^{21} x_{i,j} * d_{i,j}$$

$d_{i,j}$: 도시 i에서 도시 j까지 거리

③ 제약식

(순수공급량) 모든 도시 t에서 대해서 $\sum_{j=1}^{21} x_{t,j} - \sum_{i=1}^{21} x_{i,t} = S_t$

S_t: 도시 t의 순수공급량은 아래와 같이 설정한다.

$S_1 = 1, S_{2...20} = 0, S_{21} = -1$

네트워크상의 경로만 구하는 문제이므로 순수공급량을 시작 노드는 1, 마지막 도착지 노드는 −1, 나머지 중간노드는 0으로 설정한다.

엑셀 데이터 정의는 다음과 같다.

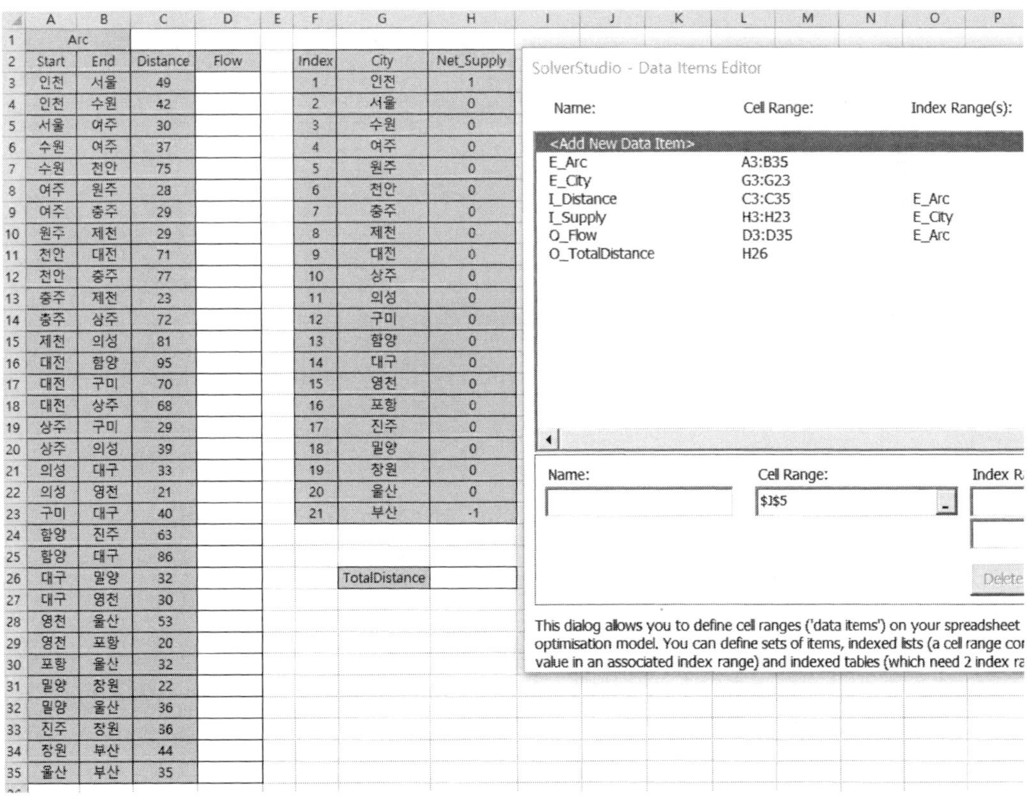

Python 전체 코드는 다음과 같다.

```
from pulp import *
prob = LpProblem('MinCostFlow',LpMinimize)
flow_vars=LpVariable.dicts("Route",E_Arc,0,None,LpInteger)

prob+=lpSum([flow_vars[a]*I_Distance[a] for a in E_Arc])

for c in E_City:
    prob +=  lpSum([flow_vars[(i,j)] for (i,j) in E_Arc if i==c]) \
           - lpSum([flow_vars[(i,j)] for (i,j) in E_Arc if j==c]) \
           == I_Supply[c]

prob.solve()
print "Status:", LpStatus[prob.status]

O_TotalCost=value(prob.objective)

for a in E_Arc:
    O_Flow[a]=flow_vars[a].varValue
```

주요 코드 설명은 다음과 같다.

코드	prob+=lpSum([flow_vars[a]*I_Distance[a] for a in E_Arc])
설명	아크의 변수와 아크의 거리를 곱한 것을 합하여 전체거리(총비용)를 목적식으로 설정한다.

<table>
<tr><td>코드</td><td><pre>for c in E_City:
    prob += lpSum([flow_vars[(i,j)] for (i,j) in E_Arc if i==c]) \
           - lpSum([flow_vars[(i,j)] for (i,j) in E_Arc if j==c]) \
           == I_Supply[c]</pre></td></tr>
<tr><td>설명</td><td>모든 도시의 순수공급량 제약을 설정한다. I_Supply값은 출발도시는 1, 중간도시는 0, 마지막도시는 −1로 설정된다.</td></tr>
</table>

최적해는 다음과 같다. 최단거리는 320이다.

	A	B	C	D	E	F	G	H
1	Arc							
2	Start	End	Distance	Flow		Index	City	Net_Supply
3	인천	서울	49	1		1	인천	1
4	인천	수원	42	0		2	서울	0
5	서울	여주	30	1		3	수원	0
6	수원	여주	37	0		4	여주	0
7	수원	천안	75	0		5	원주	0
8	여주	원주	28	0		6	천안	0
9	여주	충주	29	1		7	충주	0
10	원주	제천	29	0		8	제천	0
11	천안	대전	71	0		9	대전	0
12	천안	충주	77	0		10	상주	0
13	충주	제천	23	1		11	의성	0
14	충주	상주	72	0		12	구미	0
15	제천	의성	81	1		13	함양	0
16	대전	함양	95	0		14	대구	0
17	대전	구미	70	0		15	영천	0
18	대전	상주	68	0		16	포항	0
19	상주	구미	29	0		17	진주	0
20	상주	의성	39	0		18	밀양	0
21	의성	대구	33	0		19	창원	0
22	의성	영천	21	1		20	울산	0
23	구미	대구	40	0		21	부산	-1
24	함양	진주	63	0				
25	함양	대구	86	0				
26	대구	밀양	32	0			TotalDistance	320
27	대구	영천	30	0				
28	영천	울산	53	0				
29	영천	포항	20	1				
30	포항	울산	32	1				
31	밀양	창원	22	0				
32	밀양	울산	36	0				
33	진주	창원	36	0				
34	창원	부산	44	0				
35	울산	부산	35	1				

지도상에 최단경로를 표시하면 다음과 같다.

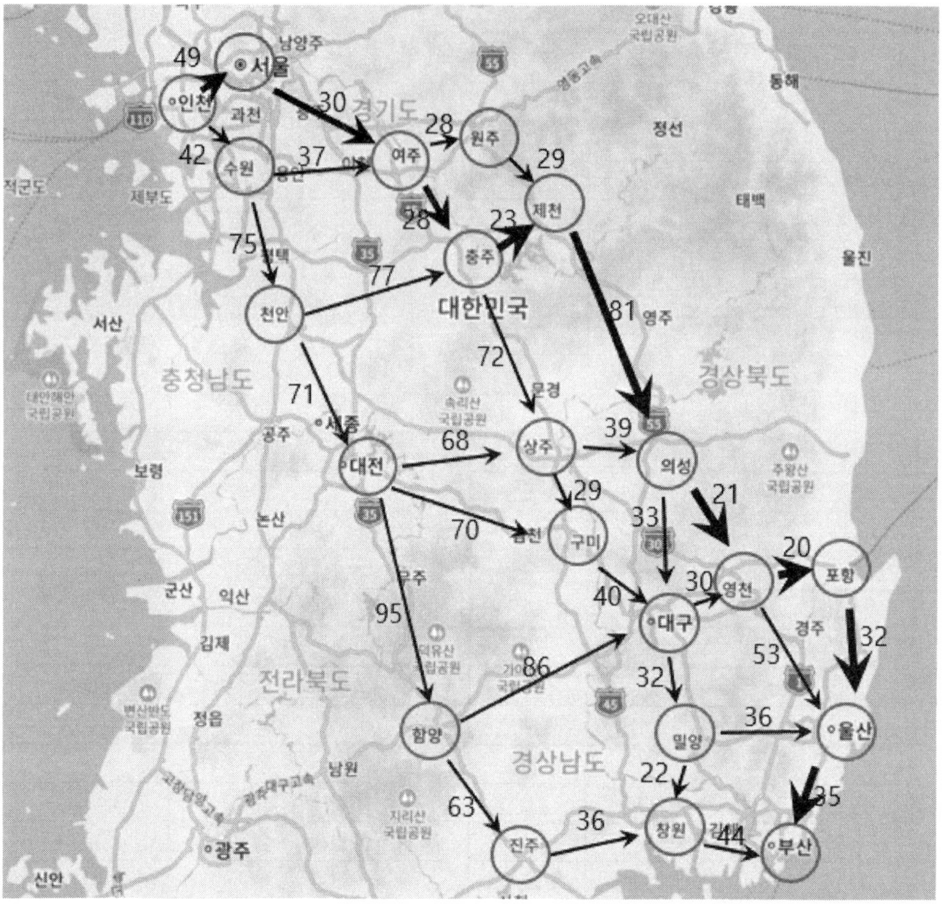

7

유전자알고리즘 이론과 응용실무

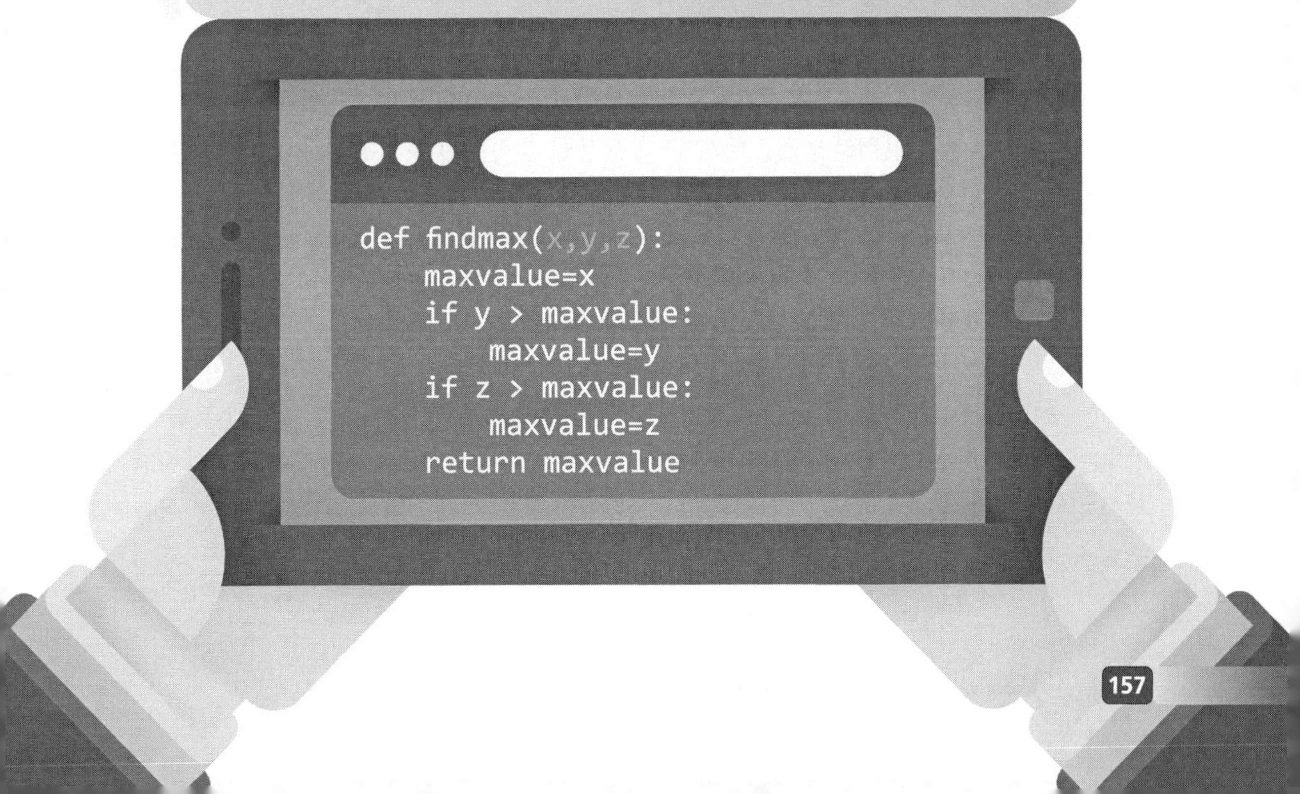

7.1 유전자알고리즘 개요

1) 메타휴리스틱 개요

앞에서는 최적화 문제를 다루기 위한 수학적인 모델을 다루었다. 그러나 실제 현업의 문제는 복잡하고 다양하여 선형계획법 혹은 네트워크 모형으로 표현하기 어려운 경우가 있다. 또한 수학적인 모형으로 표현해도 변수와 제약식이 너무 많은 경우 컴퓨터로 해를 찾기 위한 계산 시간이 너무 길어 현실적인 응용이 어려운 경우도 많다.

수학적인 모델로 최적화 문제를 풀 수 없는 경우에 많이 사용하는 기법은 휴리스틱(Heuristic) 기법이다. 휴리스틱은 수학적인 이론을 사용하지 않고 경험적인 방법과 문제 특성을 고려하여 해를 탐색하는 절차를 말한다. 용어 그대로 정형화된 방법이 존재하지 않고 사용자의 안목에 따라 탐색하는 것을 말하는데 예를 들면 공장의 작업 순서를 정하는 문제에서 작업시간이 긴 작업을 우선 배정하는 배치 방법 혹은 생산량이 가장 많은 작업을 우선 배치하는 로직 등이 이러한 휴리스틱 기법을 사용한 것이다.

휴리스틱 기법을 좀 더 효율적이고 체계화시킨 탐색기법이 메타휴리스틱(Meta-Heuristic) 기법이다. 대표적으로 Tabu Search, Simulated Annealing, Genetic Algorithm 등이 있다. 본 교재에서는 메타휴리스틱으로 유명하고 다양한 분야에 적용가능한 유전자알고리즘을 소개하고 실제 응용방법을 제시하려고 한다.

2) 유전자알고리즘의 원리

유전자알고리즘은 생명의 유전진화원리를 응용하여 최적해를 탐색하는 기법이다. 유전자코딩은 생명체의 특성을 표현하고 있으며 오랜 세월 동안 진화하며 환경에 적응하고 생존에 최적화된 형태로 변화하게 된다. 이러한 변화는 유전자코딩에 기록되고 계속 변경되게 된다. 실제 유전자코딩의 변경 방법은 집단생성, 개체선택, 개체교배, 돌연변이를 통해서 구현된다.

@ 집단생성

다양한 개체를 생성하는 것이 좋은 형질의 유전자 특성을 찾는데 유리하기 때문에 자연 생명체는 다수의 군집을 형성하며 생존하게 된다. 가능한 많은 개체를 가지는 것이 유리하지만 자원의 한계가 존재하기 때문에 적정한 집단을 유지하게 되며 계속해서 좋은 개체는 자식을 낳고 번성하게 된다.

@ 개체선택

생명체는 다수의 집단으로 존재하게 되고 이러한 집단은 유전자 특성이 조금씩 다른 개체들이 있게 마련이다. 이러한 개체들 중에 생존에 유리한 특성을 가진 우성 개체들이 자손을 많이 가지고 번성하게 된다. 최적해 관점에서 이익을 최대화하거나 비용을 최소화할 수 있는 해들이 계속 선택되고 변경되도록 해를 탐색하는 전략이라고 볼 수 있다. 실제 구현에서는 개체의 적합도(fitness)를 계산하게 되고 확률적으로 적합도가 높은 해를 많이 선택하게 된다. 일반적으로 "Roulette-Wheel Sampling"이라는 방법을 사용한다.

@ 개체교배

오랜 세월 동안 진화하는 것은 유전자코딩이 조금씩 변경되는 것인데, 이러한 변경은 우성개체들이 교배하여 자식을 낳으면서 변경된다. 이때 양쪽 부모의 유전자 형질 중에 좋은 것들만 자식에게 전달되면서 진화가 일어난다. 실제 교배는 부모의 유전자 코딩을 무작위로 섞는 과정을 거치게 되고 실제 이렇게 생성된 개체가 생존에 유리하다면 다음 세대에서 선택이 되면서 진화론적인 발전이 이루어진다. 반면 이렇게 생성된 자식개체가 생존에 불리하다면 자연 도태되어 사라지게 된다.

@ 돌연변이

개체선택과 교배만으로는 획기적인 진화를 이룰 수 없기 때문에 가끔은 무작위 유전자변이를 발생시키기도 한다. 이러한 시도는 위험할 수 있기 때문에 확률적으로 낮은 비율로 발생된다. 우연히 좋은 변이를 발생시킨 경우 다음 세대에 이러한 형질을 가진 개체가 우세종이 되어 집단을 유지해 나갈 수 있다.

3) 유전자알고리즘을 이용한 문제풀이

어떤 최적화 문제를 유전자알고리즘으로 풀기 위해서는 해를 어떻게 표현할 것이지 정의해야 한다. 예를 들어 8개의 이진값으로 구성된 아래와 같은 문자열로 해를 표현한다고 가정해 보자. 최적 해는 모두 1값을 가지는 것으로 정의하자.

1	0	1	1	0	0	0	0

유전자알고리즘을 이용하여 최적의 해를 아래와 같은 절차로 구한다.

step1) 집단의 크기를 정하고(10로 가정) 랜덤하게 10개의 해를 생성한다.
step2) 각 개체의 적합도를 계산한다. 위 문제에서는 1의 개수가 된다.
step3) 아래와 같은 절차로 새로운 집단 10개를 생성한다.

- 적합도 값에 비례하여 2개의 개체를 랜덤하게 샘플링한다.(즉 적합도가 높은 개체가 가능한 많이 선택되도록 한다.)
- 선택된 2개를 이용하여 자식을 생성한다. 교배율(crossover rate)을 정의하여 교배율 확률로 두 개의 개체를 교배한다. 교배하지 않는 경우는 개체를 그대로 자식개체에 복사한다. 교배율은 일반적으로 0.8을 사용한다.
- 교배하는 방법은 2개 위치(아래 표에서 / 표시된 곳)를 랜덤하게 정하고 아래와 같이 자식 개체를 생성한다. 가운데 영역은 서로 교차하여 복사하고 양쪽 구간은 그대로 복사한다.

부모1: 1 0 1 / 1 0 0 / 0 0
부모2: 0 1 1 / 1 1 0 / 1 0

자식1: 1 0 1 / 1 1 0 / 0 0
자식2: 0 1 1 / 1 0 0 / 1 0

- 돌연변이 확률(mutation rate)로 자식의 특성 bit를 변경한다. 돌연변이 확률은 일반적으로 0.2를 사용한다.

step4) 새로 생성된 집단의 적합도를 계산해보고 가장 최적의 해를 임시 저장한다.
step5) 만족하는 최적해가 나올 때까지 위 절차를 반복한다.

위 절차에서 개체를 샘플링하는 "Roulette-Wheel Sampling" 방법에 대해서 살펴보자. 현재 4개의 개체가 있고 각각의 개체의 적합도가 아래와 같다고 생각해 보자.

개체번호	개체 적합도
1	2
2	3
3	7
4	8

개체 3, 4가 적합도가 높으므로 개체를 선택할 때 가능한 3, 4가 자주 선택되도록 한다. 이러한 확률적 샘플링 방법은 아래와 같은 절차로 구현 가능하다.

step1) 전체 적합도의 합을 구한다. 위 예제에서 20이다.
step2) 1~20 사이에서 랜덤수(r)를 하나 생성한다.
step3) 임시변수를 sum = 0이라고 둔다.
step4) 개체번호 i를 1에서 4까지 증가시키면서 아래 절차를 반복한다.

❶ sum = sum + i개체적합도

❷ sum이 랜덤수(r)보다 크거나 같으면 개체 i를 선택하고 종료한다.

❸ sum이 랜덤수(r)보다 작으면 i를 증가시키고, 절차 ❶부터 다시 반복한다.

위 절차를 반복하게 되면 3, 4 개체가 자주 선택되며, 가끔 1, 2도 선택되는 확률적인 선택을 할 수 있게 된다. 아래 그림을 통해 원리를 이해할 수 있다. 위 선택로직에서 1~20구간에서 랜덤수를 생성하기 때문에 개체3 혹은 개체4에서 반복이 종료되고 3, 4가 선택될 확률이 높게 된다.

개체1(적합도2)		개체2(적합도3)			개체3(적합도7)							개체4(적합도8)							
1	2	3	4	5	6	7	8	9	10	11	12	13	14	15	16	17	18	19	20

7.2 엑셀과 Python을 이용한 유전자알고리즘 구현

유전자알고리즘은 정형화된 수학모형이 아니라서, 문제특성에 따라 해의 표현, 적합도 계산 등을 모두 구현해주어야 한다. 그렇기 때문에 앞에서 사용한 선형계획법이나 네트워크모형보다 많은 프로그램 코딩이 필요하다. SolverStudio를 사용할때 python 외부 개발도구를 많이 사용해야 하므로 엑셀의 SolverStudio 설정의 Language 메뉴에서 Python(external)을 선택한다. 이 경우 엑셀데이터에 바로 접근할 수 없기 때문에 import를 통해서 접근이 가능하다. 또한 Python의 최신버전이 컴퓨터에 설치되어 있어야 한다.

Python 설치파일 다운로드 사이트: http://www.python.org/downloads

또한 수치해석 도구 numpy도 설치가 되어 있어야 한다. 먼저 설치파일을 다운로드하고 윈도우 cmd 창에서 아래와 같이 입력하면 설치된다. 설치파일위치와 이름을 알고 있어야 한다.

설치파일 다운로드 사이트: https://pypi.org/project/numpy/#files

```
python -m pip install 설치파일경로

예)

> python -m pip install D:\numpy-1.16.2-cp37-cp37m-win_amd64.whl
Processing d:\numpy-1.16.2-cp37-cp37m-win_amd64.whl
Installing collected packages: numpy
Successfully installed numpy-1.16.2
```

이제 간단한 문제를 유전자 알고리즘으로 표현하고 Python으로 구현해 보자. 아래 그림에서 보는 바와 같이 8개의 bit로 표현되는 해에 대하여 총 10개의 개체군을 사용하여 최적 해를 탐색한다. 먼저 엑셀 데이터를 정의한다.

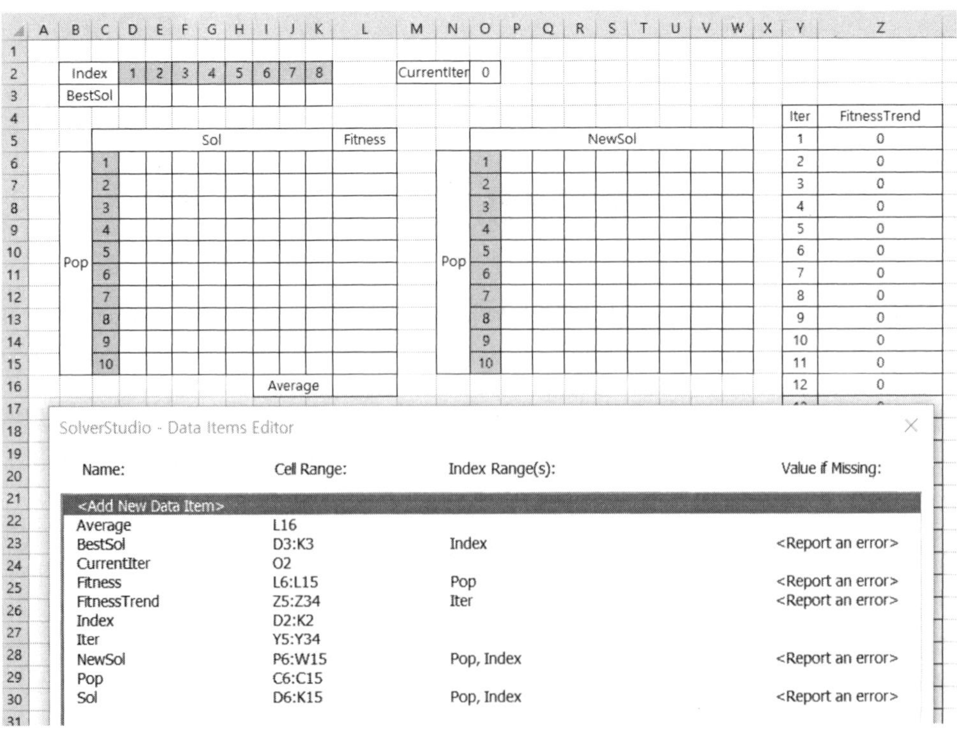

각 데이터의 의미는 다음과 같다.

데이터 이름	설명
Average	10개 개체의 평균적합도를 저장하는 변수
CurrentIter	현재 반복횟수를 표시한다.
Index	해의 위치를 표현하는 번호이다. 1~8 값을 가진다.
Iter	반복횟수별 평균적합도를 저장하기 위한 반복수 번호이다. 1~30 값을 가진다.
Pop	개체번호를 표현한다. 1~10값을 가진다.
BestSol	현재까지 발견된 최적의 해를 표현하는 데이터이다. 각 Index별 비트값이다.
Fitness	각 개체의 적합도를 나타내는 데이터이다. 인덱스는 Pop번호를 사용한다.
FitnessTrend	반복횟수별 평균적합도를 저장하는 데이터이다. 인덱스는 Iter번호를 사용한다.
NewSol	새롭게 생성된 개체군을 저장하는 데이터이다. 행은 Pop번호를 사용하고 열은 Index번호를 사용한다.
Sol	기존 개체군을 저장하는 데이터이다. 행은 Pop번호를 사용하고 열은 Index번호를 사용한다.

유전자알고리즘 구동 절차는 다음과 같다.

1. 최초 10개의 개체를 랜덤하게 초기화한다. 엑셀데이터의 2차원 배열 Sol을 초기화하는 것이다.

2. Sol의 각 행개체의 적합도를 평가한다. 위 문제에서는 각 Bit의 합을 구한다. 이때 가장 적합도가 높은 해를 BestSol에 복사한다.

3. Sol 개체를 이용하여 새로운 개체집합 NewSol을 구한다. 이 때 적합도에 비례하는 개체선택(Selection), 교차교배(Crossover), 돌연변이(Mutation)를 사용한다. NewSol를 생성하면서 효율적인 해의 탐색이 이루어진다.

4. 새로운 해집합 NewSol을 기존 해집합 Sol에 복사하고 위 절차 2로 이동하고, 이러한 반복을 정해진 횟수만큼 진행한다.

5. 마지막 반복이 끝나면, BestSol에 저장된 해가 현재까지 발견된 가장 좋은 해이다.

1) Python 준비 코드

SolverStudio의 Language 메뉴에서 Python(external)을 선택하고 아래 코드를 입력한다.

```
## importing tools and data
import numpy as np
import copy
import SolverStudio as ss
## setting parameters
max_iter=30
pop_size=10
crossover_rate=0.8
mutation_rate=0.2
num_gene=8
sum_fitness=0
```

주요 코드 설명은 다음과 같다.

코드	import numpy as np
설명	여러가지 수치계산을 지원하는 도구(numpy)를 준비한다. 실제 코드에서는 np.함수이름 형식으로 사용된다.

코드	import copy
설명	데이터 복사에 관련된 다양한 기능을 제공하는 도구이다. 얕은 복사(shallow copy)와 깊은복사(deep copy)를 지원한다.

코드	import SolverStudio as ss
설명	SolverStudio 도구의 Language 메뉴에서 Python(external) 을 선택하게 되면 엑셀 데이터에 바로 접근할 수 없다. 그렇기 때문에 엑셀에서 정의한 데이터를 가져오는 기능이다. 실제 코드에서 데이터를 사용할 때 ss.데이터이름 형식으로 사용한다.

코드	max_iter=30
설명	유전자알고리즘의 반복횟수를 30으로 설정했다. 새로운 해의 집합을 30번 생성한다.

코드	pop_size=10
설명	해집합의 수를 10으로 설정했다. 해의 다양성을 확보하기 위하여 해의 bit가 개수에 비례하여 해집합의 개수를 결정해야 한다. 또한 해집합의 수가 커지면 병렬 탐색기능이 좋아져서 좋은 해를 빨리 찾을 수 있다. 그러나 너무 큰 경우 탐색속도가 느려지므로 적절히 선택해야 한다.

코드	crossover_rate=0.8
설명	부모개체를 선택하고 자식개체를 생성할 때 교차교배 사용여부를 나타내는 확률값이다. 값이 크면 교차교배를 많이 사용하게 되고 값이 작으면 교차교배를 사용하지 않고 부모개체를 그냥 복사해서 자식개체로 사용하게 된다. 적합도가 좋은 해를 적절히 섞어서 더 발전된 해를 생성하기 위하여 비교적 큰 값을 사용하는 것이 좋다.

코드	mutation_rate=0.2
설명	부모개체를 선택하고 자식개체를 생성할 때 돌연변이 사용여부를 나타내는 확률값이다. 값이 크면 돌연변이를 많이 사용하게 되고 값이 작으면 돌연변이를 사용하지 않는다. 돌연변이는 자식개체를 만들 때 특정 비트를 랜덤변형하는 방법인데 지역해를 벗어나 전역해를 발견할 수 있는 기회를 주게 된다. 값이 너무 크면 랜덤탐색이 되어 바람직하지 않으므로 비교적 작은 값을 사용한다.

코드	num_gene=8
설명	해를 구성하는 bit의 개수를 설정한다.

코드	sum_fitness=0
설명	해 집합의 적합도 총합을 저장하는 전역변수이다. 매 반복 때마다 다시 계산된다.

2) 유전자알고리즘 메인 코드

```
if ss.CurrentIter==0:
    print('initialize pop')
    InitializePop()
    for i in ss.Iter: ss.FitnessTrend[i]=0.0
```

```
else:
    ## copy for NewSol to Sol
    for p in ss.Pop:
        for i in ss.Index:
            ss.Sol[p,i]=copy.deepcopy(ss.NewSol[p,i])

best=Fitness()
## copy best solution
for i in ss.Index:
        ss.BestSol[i]=copy.deepcopy(ss.Sol[best,i])

## generate offspring
new_index=1
while(new_index<=pop_size):
   make_offspring(new_index)
   new_index+=2

ss.average=sum_fitness/pop_size
ss.CurrentIter+=1
if ss.CurrentIter < max_iter:
    ss.FitnessTrend[ss.CurrentIter]=ss.average
```

세부 코드 설명은 다음과 같다.

<table>
<tr><td>코드</td><td><pre>if ss.CurrentIter==0:
    print('initialize pop')
    InitializePop()
    for i in ss.Iter: ss.FitnessTrend[i]=0.0
else:
    for p in ss.Pop:
        for i in ss.Index:
            ss.Sol[p,i]=copy.deepcopy(ss.NewSol[p,i])</pre></td></tr>
<tr><td>설명</td><td>최초 반복수가 0인 경우 유전자 탐색의 시작이므로 InitializePop() 함수를 이용하여 Sol 개체군을 랜덤하게 초기화한다.
반복수가 1이상이면 새롭게 생성된 NewSol 개체군을 Sol에 복사한다. 이 때 copy 도구의 deepcopy() 기능을 이용하여 내용 전체를 완벽하게 복사하여 Sol에 옮긴다.</td></tr>
</table>

코드	`best=Fitness()`
	`for i in ss.Index:`
	`        ss.BestSol[i]=copy.deepcopy(ss.Sol[best,i])`

설명	Fitness() 함수를 이용하여 Sol 개체군의 적합도를 계산한다. Fitness() 함수의 결과값인 최적 개체번호를 best에 저장한다. 다음코드에서는 엑셀데이터에서 best번호 위치에 있는 데이터를 BestSol 데이터에 복사한다.

코드	`new_index=1`
	`while(new_index<=pop_size):`
	`   make_offspring(new_index)`
	`   new_index+=2`

설명	새로운 개체군을 생성하는 코드이다. new_index는 생성되는 새로운 개체의 위치번호이다. make_offsprint() 함수는 2개의 새로운 개체를 생성하는 함수인데, new_index가 pop_size 보다 작을 때까지 반복된다.

코드	`ss.average=sum_fitness/pop_size`
	`ss.CurrentIter+=1`
	`if ss.CurrentIter < max_iter:`
	`    ss.FitnessTrend[ss.CurrentIter]=ss.average`

설명	새로운 개체군이 만들어졌으므로 개체의 적합도 평균을 구한다. 반복수를 증가시키고, 평균적합도의 추세데이터를 저장한다.

메인코드에서 사용된 함수 중 초기개체군을 생성하는 InitializePop() 함수는 다음과 같은 내용을 가진다.

```
def InitializePop():
    for p in ss.Pop:
        for i in ss.Index:
            ss.Sol[p,i]=np.random.choice(2)
```

세부 코드 설명은 다음과 같다.

코드	ss.Sol[p,i]=np.random.choice(2)
설명	ss.Sol[개체번호, 인덱스번호] 위치에 0 혹은 1 값을 랜덤하게 입력한다. numpy의 random.choice(n) 함수는 0~(n − 1) 구간에서 임의값을 가져오는 함수이다.

메인코드에서 사용된 함수 중 개체 적합도를 계산하는 Fitness() 함수는 다음과 같다.

```
def Fitness():
    best_p=1
    maxFitness=0
    global sum_fitness
    sum_fitness=0
    for p in ss.Pop:
        ss.Fitness[p]=sum(ss.Sol[p,i] for i in ss.Index)
        ss.Fitness[p]=ss.Fitness[p]*ss.Fitness[p]
        if(ss.Fitness[p]>maxFitness) :
            maxFitness=ss.Fitness[p]
            best_p=p
        sum_fitness+=ss.Fitness[p]
    return best_p
```

세부 코드 설명은 다음과 같다.

코드	best_p=1 maxFitness=0 global sum_fitness sum_fitness=0
설명	best_p는 적합도가 가장 높은 개체번호를 저장하는 변수이다. 만족도가 가장 높은 개체를 찾기 위해서 최대값을 임시저장하는 maxFitness 변수를 사용하였다. sum_fitness는 한 세대의 개체적합도 총합을 저장하는 임시변수이다.

코드	`ss.Fitness[p]=sum(ss.Sol[p,i] for i in ss.Index)` `ss.Fitness[p]=ss.Fitness[p]*ss.Fitness[p]`
설명	각각의 개체 p에서 대하여 각 인덱스의 비트값을 합하여 적합도를 구한다. 높은 적합도에 가중치를 많이 주기 위해서 적합도의 제곱을 사용하였다. 8비트를 사용하므로 최대 적합도는 64가 된다.

코드	`if(ss.Fitness[p]>maxFitness) :`
	`    maxFitness=ss.Fitness[p]`
	`    best_p=p`
	`sum_fitness+=ss.Fitness[p]`

설명	개체 p의 적합도가 현재 최대적합도 보다 크면 best_p에 개체번호를 저장한다. 또한 개체의 적합도 누적합을 sum_fitness에 저장한다.

메인코드에서 사용된 함수 중 적합도가 높은 개체를 확률적으로 선택하는 selection() 함수는 다음과 같다.

```
def selection():
    sum=0
    r=np.random.rand()*sum_fitness
    for p in ss.Pop:
        sum+=ss.Fitness[p]
        if(sum>=r):
            return p
```

세부 코드 설명은 다음과 같다.

코드	`r=np.random.rand()*sum_fitness`
설명	0~적합도합 사이의 랜덤실수를 하나 생성한다. np.random.rand()는 0~1 사이 실수를 생성하므로 sum_fitness를 곱하면 0~sum_fitness 사이 실수를 생성할 수 있다.

코드	`for p in ss.Pop:`
	`    sum+=ss.Fitness[p]`
	`    if(sum>=r):`
	`        return p`

설명	개체를 하나씩 꺼내 적합도를 sum에 합한다. 만일 앞에서 생성한 랜덤값보다 sum에 큰 경우 현재 개체를 선택한다.

메인코드에서 사용된 함수 중 두 부모를 선택해서 crossover와 mutation을 이용하여 새로운 자식개체를 생성하는 함수 make_offstrping(p) 코드는 다음과 같다.

```
def make_offspring(p):
    sel1=selection()
    sel2=selection()
    if np.random.rand() < crossover_rate:
        c=np.random.choice(num_gene,2,replace=False)
        left=min(c)
        right=max(c)
        copy_index=ss.Index[0:left]+ss.Index[right:num_gene]
        cross_index=ss.Index[left:right]

        ## cross copy  from selection 1,2
        for i in cross_index:
            ss.NewSol[p,i]=copy.deepcopy(ss.Sol[sel1,i])
            ss.NewSol[p+1,i]=copy.deepcopy(ss.Sol[sel2,i])
        for i in copy_index:
            ss.NewSol[p,i]=copy.deepcopy(ss.Sol[sel2,i])
            ss.NewSol[p+1,i]=copy.deepcopy(ss.Sol[sel1,i])
    else:
        ## just copy from parent's solution without crossover
        for i in ss.Index:
            ss.NewSol[p,i]=copy.deepcopy(ss.Sol[sel1,i])
            ss.NewSol[p+1,i]=copy.deepcopy(ss.Sol[sel2,i])

    ## mutation, just put new bit
    if np.random.rand() < mutation_rate:
        ## generate random point
        c=np.random.randint(0,num_gene-1)
```

```
        bit=np.random.choice(2)
        ss.NewSol[p,c+1]=bit
    if np.random.rand() < mutation_rate:
        ## generate random point
        c=np.random.randint(0,num_gene-1)
        bit=np.random.choice(2)
        ss.NewSol[p+1,c+1]=bit
```

세부 코드 설명은 다음과 같다.

<table>
<tr><td>코드</td><td><pre><code>sel1=selection()
sel2=selection()</code></pre></td></tr>
<tr><td>설명</td><td>적합도가 좋은 2개의 개체 번호를 확률적으로 선택한다.</td></tr>
</table>

<table>
<tr><td>코드</td><td><pre><code> if np.random.rand() < crossover_rate:
        ## crossover copy from selection 1,2
        ...
   else:
        ## just copy from parent's solution without crossover
        ...</code></pre></td></tr>
<tr><td>설명</td><td>0~1 사이 랜덤실수를 생성하여 사전에 정의된 crossover_rate 보다 작으면 crossover 연산을 통해 새로운 개체 2개를 생성한다. 그렇지 않으면 기존 개체를 복사하여 개체 2개를 생성한다.</td></tr>
</table>

위 코드에서 crossover copy에 해당하는 세부 코드 설명은 다음과 같다.

<table>
<tr><td>코드</td><td><pre><code>c=np.random.choice(num_gene,2,replace=False)
left=min(c)
right=max(c)
copy_index=ss.Index[0:left]+ss.Index[right:num_gene]
cross_index=ss.Index[left:right]</code></pre></td></tr>
<tr><td>설명</td><td>해를 구성하는 bit의 개수(num_gene)에서 2개의 숫자를 랜덤하게 추출한다. 이중 작은 것을 left, 큰 것을 right 라고 둔다. 메인코드에서 num_gene은 8로 설정되어 있다.
[left~right] 영역은 교차복사를 진행하는 영역이고, 나머지는 단순복사를 진행하는 영역이다.</td></tr>
</table>

코드

```
for i in cross_index:
    ss.NewSol[p,i]=copy.deepcopy(ss.Sol[sel1,i])
    ss.NewSol[p+1,i]=copy.deepcopy(ss.Sol[sel2,i])
for i in copy_index:
    ss.NewSol[p,i]=copy.deepcopy(ss.Sol[sel2,i])
    ss.NewSol[p+1,i]=copy.deepcopy(ss.Sol[sel1,i])
```

설명

개체 p인 경우 교차복사영역(cross_index)은 sel1에서 복사하고 단순복사 영역(copy_index)은 sel2에서 복사한다.
마찬가지로 개체 (p + 1)인 경우 교차복사영역은 sel2에서 복사하고 단순복사 영역은 sel1에서 복사한다.

코드

```
if np.random.rand() < mutation_rate:
    c=np.random.randint(0,num_gene-1)
    bit=np.random.choice(2)
    ss.NewSol[p,c+1]=bit
```

설명

난수를 생성하여 돌연변이 확률보다 작으면 돌연변이를 진행한다.
특정 위치값(c)과 비트값(bit)을 생성하고, 해당위치의 비트값을 변경한다.

현재 최대 반복횟수는 30이므로 아래와 같이 Solve Model 버튼을 30번 누르면 Bit가 모두 1인 최적해를 찾는 결과를 확인할 수 있다. 물론 랜덤한 진행이기 때문에 간혹 비트값이 8보다 적은 솔루션을 찾는 경우도 있다. 이런 경우 반복횟수를 늘리거나 개체수를 늘이면 좀더 최적해를 찾을 수 있는 가능성이 높아진다.

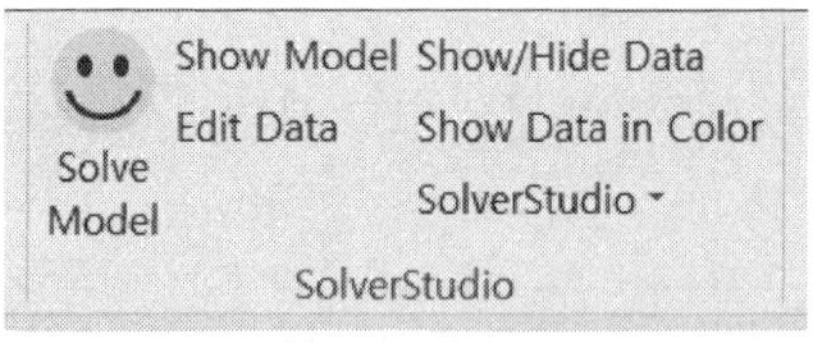

아래 그림은 엑셀 시트에 생성된 적합도평균값을 그래프로 표현한 것이다. 반복이 진행됨에 따라 적합도가 높은 개체들이 많아져서 평균값이 점점 증가하는 것을 확인할 수 있다.

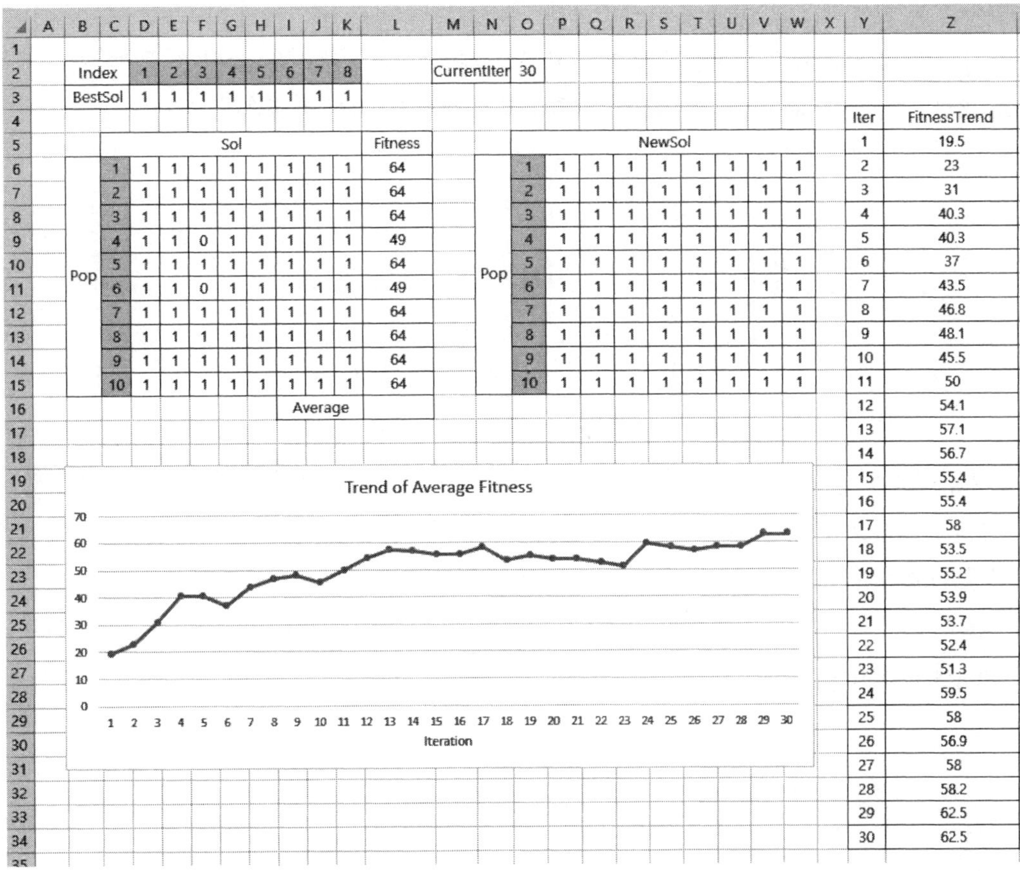

7.3 유전자알고리즘 이용한 Job Shop 스케줄링 최적화

1) 개요

제품(Job)을 제작하기 위해서 아래 그림처럼 3개의 순차적인 공정(Operation)을 진행해야 한다. 또한 행(Job)과 열(Operation)의 구조로 아래와 같이 작업시간(분)이 주어진다.

	O1	O2	O3
J1	8	10	5
J2	15	9	12
J3	9	7	19

각 공정은 특정 설비(Machine)에서 작업하게 된다. 각 Operation이 어떤 Machine에서 작업을 해야 하는지 아래처럼 장비할당표로 주어진다. 예를 들어 제품1(Job1)의 첫 번째 공정은 설비2에서 하고, 두 번째 공정은 설비3, 세 번째 공정은 설비1에서 진행한다.

	O1	O2	O3
J1	2	3	1
J2	1	3	2
J3	3	2	1

총 9개의 공정을 가장 빠르게 끝내려면 3개의 Machine에서 적절하게 작업순서를 정해야 한다. 아래 스케줄은 완료시간이 43분이 되도록 작성한 스케줄 예이다. 설비1의 작업순서를 보면 제품2(Job2)의 첫 번째 공정(O1)을 먼저 진행하고, 그 다음으로 제품1(Job1)의 3번째 공정(O3)을 진행하고 마지막으로 제품3(Job3)의 3번째 공정(O3)을 수행하였다. 이러한 문제를 Job shop scheduling problem(JSSP)이라 한다.

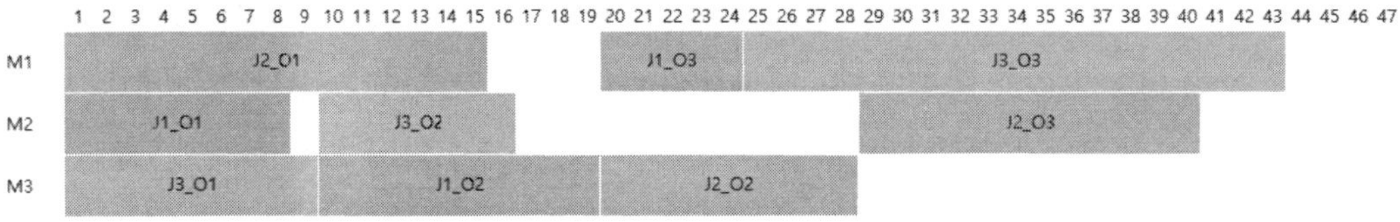

JSSP를 유전자알고리즘으로 풀기 위해서는 해의 표현방법을 고안해야 한다. 본 교재에서는 아래와 같은 encoding 방법을 사용하였다. 해의 표현은 9개의 공정을 각 설비에 할당하는 순서를 지정하도록 9개의 Job번호를 사용한다. 모든 Job이 3개의 작업을 가지고 있으므로 encoding에서 각 Job번호는 아래 예처럼 3번씩 나타나게 된다.

1−1−1−2−2−2−3−3−3
2−1−3−1−1−2−3−2−3

해를 이용하여 장비 스케줄을 작성하기 위하여 장비할당 행위를 $A_{j,o,m}$으로 정의해보자. j는 Job 번호이며, o값은 할당될 Op번호 m은 Machine 번호이다. Op(o)값은 Job(j)값이 나타날 때마다 (+1)씩 증가시켜서 설정하고, Machine(m)값은 주어진 Job번호와 Op번호를 이용하여 장비할당표에서 가져온다. 해 1−1−1−2−2−2−3−3−3은 다음과 같은 순서의 장비할당을 의미한다.

$A_{j=1,\ o=1,\ m=2}$: job 1번의 op1을 2번 Machine에 배치한다. (job번호 1이 처음 나왔으므로 op는 1번임)
$A_{j=1,\ o=2,\ m=3}$: job 1번의 op2를 3번 Machine에 배치한다. (job번호 1이 두 번째이므로 op는 2번임)
$A_{j=1,\ o=3,\ m=1}$: job 1번의 op3을 1번 Machine에 배치한다. (job번호 1이 세 번째이므로 op는 3번임)

$A_{j=2,\ o=1,\ m=1}$: job 2번의 op1을 1번 Machine에 배치한다. (job번호 2가 처음 나왔으므로 op는 1번임)
$A_{j=2,\ o=2,\ m=3}$: job 2번의 op2를 3번 Machine에 배치한다. (job번호 2가 두 번째이므로 op는 2번임)
$A_{j=2,\ o=3,\ m=2}$: job 2번의 op3을 2번 Machine에 배치한다. (job번호 2가 세 번째이므로 op는 3번임)

$A_{j=3,\ o=1,\ m=3}$: job 3번의 op1을 3번 Machine에 배치한다. (job번호 3이 처음 나왔으므로 op는 1번임)
$A_{j=3,\ o=2,\ m=2}$: job 3번의 op2를 2번 Machine에 배치한다. (job번호 3이 두 번째이므로 op는 2번임)
$A_{j=3,\ o=3,\ m=1}$: job 3번의 op3을 1번 Machine에 배치한다. (job번호 3이 세 번째이므로 op는 3번임)

해 2−1−3−1−1−2−3−2−3은 다음과 같은 순서의 장비할당을 의미한다.

$A_{j=2,\ o=1,\ m=1}$: job 2번의 op1를 1번 Machine에 배치한다. (job번호 2가 처음 나왔으므로 op는 1번임)
$A_{j=1,\ o=1,\ m=2}$: job 1번의 op1를 2번 Machine에 배치한다. (job번호 1이 처음 나왔으므로 op는 1번임)
$A_{j=3,\ o=1,\ m=3}$: job 3번의 op1를 3번 Machine에 배치한다. (job번호 3이 처음 나왔으므로 op는 1번임)

$A_{j=1,\ o=2,\ m=3}$: job1번의 op2를 3번 Machine에 배치한다. (job번호 1이 두 번째이므로 op는 2번임)
$A_{j=1,\ o=3,\ m=1}$: job1번의 op3을 1번 Machine에 배치한다. (job번호 1이 세 번째이므로 op는 3번임)
$A_{j=2,\ o=2,\ m=3}$: job2번의 op2를 3번 Machine에 배치한다. (job번호 2가 두 번째이므로 op는 2번임)

$A_{j=3,\ o=2,\ m=2}$: job3번의 op2를 2번 Machine에 배치한다. (job번호 3이 두 번째이므로 op는 2번임)
$A_{j=2,\ o=3,\ m=2}$: job2번의 op3을 2번 Machine에 배치한다. (job번호 2가 세 번째이므로 op는 3번임)
$A_{j=3,\ o=3,\ m=1}$: job3번의 op3을 1번 Machine에 배치한다. (job번호 3이 세 번째이므로 op는 3번임)

이렇게 9개의 Operation의 할당순서를 표현하면 어떻게 스케줄을 작성할지 표현할 수 있게 되고, 각 공정의 시작시간과 종료시간이 결정되게 된다.

2) 전체작업 완료시간(makespan)의 계산

이제 해 2−1−3−1−1−2−3−2−3을 이용하여 장비할당을 하면서 공정의 시작시간과 종료시간을 결정하는 로직을 생각해 보자. 앞에서 설명한 바와 같이 아래와 같은 순서로 할당이 되면서 각 제품(Job)과 설비(M)에 할당된 공정의 완료 시간이 결정되게 된다.

<table>
<tr><th>장비할당</th><th colspan="8">제품(Job) 및 장비(Machine) 진행상황</th></tr>
<tr><td rowspan="4">$A_{j=2, o=1, m=1}$</td><td colspan="8">작업시간은 15분, J2, M1 처음이므로 1부터 시작가능</td></tr>
<tr><td>J1</td><td></td><td></td><td></td><td>M1</td><td>1~15</td><td></td><td></td></tr>
<tr><td>J2</td><td>1~15</td><td></td><td></td><td>M2</td><td></td><td></td><td></td></tr>
<tr><td>J3</td><td></td><td></td><td></td><td>M3</td><td></td><td></td><td></td></tr>
<tr><td rowspan="4">$A_{j=1, o=1, m=2}$</td><td colspan="8">작업시간은 8분, J1, M2 처음이므로 1부터 시작가능</td></tr>
<tr><td>J1</td><td>1~8</td><td></td><td></td><td>M1</td><td>1~15</td><td></td><td></td></tr>
<tr><td>J2</td><td>1~15</td><td></td><td></td><td>M2</td><td>1~8</td><td></td><td></td></tr>
<tr><td>J3</td><td></td><td></td><td></td><td>M3</td><td></td><td></td><td></td></tr>
<tr><td rowspan="4">$A_{j=3, o=1, m=3}$</td><td colspan="8">작업시간은 9분, J3, M3 처음이므로 1부터 시작가능</td></tr>
<tr><td>J1</td><td>1~8</td><td></td><td></td><td>M1</td><td>1~15</td><td></td><td></td></tr>
<tr><td>J2</td><td>1~15</td><td></td><td></td><td>M2</td><td>1~8</td><td></td><td></td></tr>
<tr><td>J3</td><td>1~9</td><td></td><td></td><td>M3</td><td>1~9</td><td></td><td></td></tr>
<tr><td rowspan="4">$A_{j=1, o=2, m=3}$</td><td colspan="8">작업시간은 10분, J1의 앞 작업이 8분에 끝나지만 M3의 앞 작업이 9분에 끝나므로, 둘 중 큰 값 기준으로 10분부터 시작가능</td></tr>
<tr><td>J1</td><td>1~8</td><td>10~19</td><td></td><td>M1</td><td>1~15</td><td></td><td></td></tr>
<tr><td>J2</td><td>1~15</td><td></td><td></td><td>M2</td><td>1~8</td><td></td><td></td></tr>
<tr><td>J3</td><td>1~9</td><td></td><td></td><td>M3</td><td>1~9</td><td>10~19</td><td></td></tr>
<tr><td rowspan="4">$A_{j=1, o=3, m=1}$</td><td colspan="8">작업시간은 5분, J1과 M1의 앞 작업 중, 큰 값 기준으로 19분에 끝나므로 20분부터 시작가능</td></tr>
<tr><td>J1</td><td>1~8</td><td>10~19</td><td>20~24</td><td>M1</td><td>1~15</td><td>20~24</td><td></td></tr>
<tr><td>J2</td><td>1~15</td><td></td><td></td><td>M2</td><td>1~8</td><td></td><td></td></tr>
<tr><td>J3</td><td>1~9</td><td></td><td></td><td>M3</td><td>1~9</td><td>10~19</td><td></td></tr>
<tr><td rowspan="4">$A_{j=2, o=2, m=3}$</td><td colspan="8">작업시간은 9분, J2와 M3의 앞 작업 중, 큰 값 기준으로 20분부터 시작가능</td></tr>
<tr><td>J1</td><td>1~8</td><td>10~19</td><td>20~24</td><td>M1</td><td>1~15</td><td>20~24</td><td></td></tr>
<tr><td>J2</td><td>1~15</td><td>20~28</td><td></td><td>M2</td><td>1~8</td><td></td><td></td></tr>
<tr><td>J3</td><td>1~9</td><td></td><td></td><td>M3</td><td>1~9</td><td>10~19</td><td>20~28</td></tr>
<tr><td rowspan="4">$A_{j=3, o=2, m=2}$</td><td colspan="8">작업시간은 7분, J3과 M2의 앞 작업 중, 큰 값 기준으로 10분부터 시작가능</td></tr>
<tr><td>J1</td><td>1~8</td><td>10~19</td><td>20~24</td><td>M1</td><td>1~15</td><td>20~24</td><td></td></tr>
<tr><td>J2</td><td>1~15</td><td>20~28</td><td></td><td>M2</td><td>1~8</td><td>10~16</td><td></td></tr>
<tr><td>J3</td><td>1~9</td><td>10~16</td><td></td><td>M3</td><td>1~9</td><td>10~19</td><td>20~28</td></tr>
<tr><td rowspan="4">$A_{j=2, o=3, m=2}$</td><td colspan="8">작업시간은 12분, J2와 M2의 앞 작업 중, 큰 값 기준으로 29분부터 시작가능</td></tr>
<tr><td>J1</td><td>1~8</td><td>10~19</td><td>20~24</td><td>M1</td><td>1~15</td><td>20~24</td><td></td></tr>
<tr><td>J2</td><td>1~15</td><td>20~28</td><td>29~40</td><td>M2</td><td>1~8</td><td>10~16</td><td>29~40</td></tr>
<tr><td>J3</td><td>1~9</td><td>10~16</td><td></td><td>M3</td><td>1~9</td><td>10~19</td><td>20~28</td></tr>
<tr><td rowspan="4">$A_{j=3, o=3, m=1}$</td><td colspan="8">작업시간은 19분, J3와 M1의 앞 작업 중, 큰 값 기준으로 25분부터 시작가능</td></tr>
<tr><td>J1</td><td>1~8</td><td>10~19</td><td>20~24</td><td>M1</td><td>1~15</td><td>20~24</td><td>25~43</td></tr>
<tr><td>J2</td><td>1~15</td><td>20~28</td><td>29~40</td><td>M2</td><td>1~8</td><td>10~16</td><td>29~40</td></tr>
<tr><td>J3</td><td>1~9</td><td>10~16</td><td>25~43</td><td>M3</td><td>1~9</td><td>10~19</td><td>20~28</td></tr>
</table>

위 순서로 진행할 경우 모든 작업의 완료시간은 43분이 된다.

이러한 할당순서에 따른 총 완료시간(makespan)을 계산하는 Python 알고리즘을 작성해 보자. 아래와 같은 순서로 계산하면 makespan을 계산할 수 있다.

■ 준비작업

① 먼저 아래와 같은 2차원 벡터를 저장한다. Processing_Time은 작업시간이고, Machine_Id는 장비번호를 표현한다. 행은 제품(Job)번호이고 열은 공정(Operation)번호를 나타낸다.

$$\text{Processing Time}[j, o] = \begin{bmatrix} 8 & 10 & 5 \\ 15 & 9 & 12 \\ 9 & 7 & 19 \end{bmatrix}, \quad \text{Machine Id}[j, o] = \begin{bmatrix} 2 & 3 & 1 \\ 1 & 3 & 2 \\ 3 & 2 & 1 \end{bmatrix}$$

② 해에서 Job번호가 나타낼 때마다 공정번호를 증가시키도록 아래와 같은 임시 배열을 준비한다. j는 Job번호를 의미한다.

$$\text{Count}[j] = \begin{bmatrix} 1 & 1 & 1 \end{bmatrix}$$

③ 각 Job과 Machine의 마지막 종료시간을 임시 저장하기 위한 배열을 준비한다.

$$\text{Job Max}[j] = \begin{bmatrix} 1 & 1 & 1 \end{bmatrix}, \quad \text{Machine Max}[m] = \begin{bmatrix} 1 & 1 & 1 \end{bmatrix}$$

④ 해를 Job_Sequence 배열에 저장하고 아래 절차를 수행한다.

■ 알고리즘

① i = 1으로 시작한다. 전체 작업개수는 N이라고 하자.

② Job_Sequence[i] 에서 Job번호를 읽어온다.

③ Count[Job번호]에서 Op번호를 읽어온다.

④ Machine_Id[Job번호, Op번호]에서 Machine번호를 읽어온다.

⑤ Processing_Time[Job번호, Op번호]에서 작업시간(PT)을 읽어온다.

⑥ JobMax[Job번호]와 MachineMax[Machine번호] 중 큰 값을 임시종료시간(temp_max)에 저장한다.

⑦ 임시종료시간(temp_max)에 작업시간(PT)를 더한다.

⑧ JobMax[Job번호]와 MachineMax[Machine번호]를 임시종료시간(temp_max)으로 수정한다.

⑨ Count[Job번호] 값에 +1을 더한다.

⑩ i가 N과 같으면 단계 ⑪로 가고, 아니면 i를 +1 증가시키고 단계 ②로 간다.

⑪ MachineMax 배열에서 가장 큰 값이 전체 작업의 완료시간(makespan)이 된다.

하나의 해를 가지고 전체완료시간(makespan)을 구하는 Python 코드를 구현해 보자. 먼저 엑셀로 다음과 같은 데이터를 정의한다. Job_Sequence에 해를 입력하고 실행하면 오른쪽에 Makespan이 계산된다.

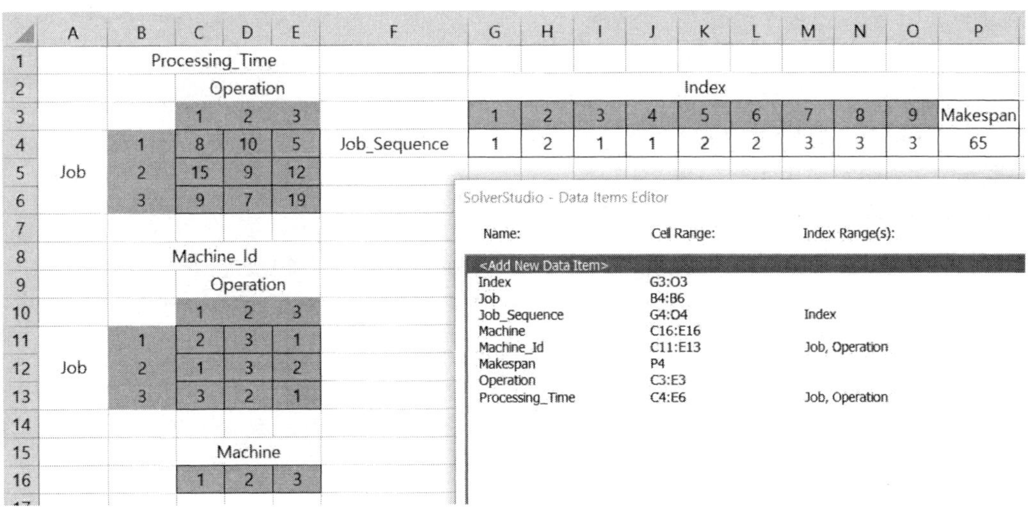

Python 코드는 다음과 같다. 간단한 프로그램이므로 SolverStudio의 Language 메뉴에서 PuLP(IronPython)을 선택해서 엑셀데이터에 바로 접근할 수 있도록 하자. Show Model을 누르면 코드창에 열리는데 아래 코드를 입력한다.

```
Count={ j:1 for j in Job}
JobMax={ j:0 for j in Job}
MachineMax={ m:0 for m in Machine}

for i in Index:
  jobNum=Job_Sequence[i]
  opNum=Count[jobNum]
  machineNum=Machine_Id[jobNum,opNum]
  PT=Processing_Time[jobNum,opNum]

  temp_max=max( JobMax[jobNum], MachineMax[machineNum] )+PT
  JobMax[jobNum]=temp_max
  MachineMax[machineNum]=temp_max

  Count[jobNum]=Count[jobNum]+1

Makespan=max(MachineMax.values())
```

세부코드 설명은 다음과 같다.

코드	`Count={ j:1 for j in Job}`
	`JobMax={ j:0 for j in Job}`
	`MachineMax={ m:0 for m in Machine}`

설명	위 코드에서 Count, JobMax, MachineMax는 [key, value] 형식의 Dictionary 데이터 형식을 취하고 있다. Count는 현재까지 진행된 공정(Op) 개수를 저장하는데 key값으로 job번호를 사용하고 초기에 1로 설정된다. JobMax는 Job별 마지막 완료시간을 저장하고, key값으로 job번호를 사용하고 초기에 0으로 설정되어야 한다. MachineMax는 Machine별 마지막 완료시간을 저장하고, key값으로 machine 번호를 사용하고 초기에 0으로 설정된다.

코드	`jobNum=Job_Sequence[i]`
	`opNum=Count[jobNum]`
	`machineNum=Machine_Id[jobNum,opNum]`
	`PT=Processing_Time[jobNum,opNum]`

설명	해의 i번째 위치에서 Job번호(jobNum)를 가지고 와서, 진행해야 할 공정번호(opNum), 장비번호(machineNum) 및 작업시간(PT)를 가져온다.

코드	temp_max=max(JobMax[jobNum], MachineMax[machineNum])+PT JobMax[jobNum]=temp_max MachineMax[machineNum]=temp_max
설명	현재 공정은 앞쪽 공정과 해당 Machine에서 진행 중인 타 공정이 끝나야 진행 가능하므로 새로운 완료시간은 Job과 Machine의 완료시간 중 최대값 기준으로 계산되어야 한다. 이를 temp_max에 저장하고, Job과 Machine의 완료시간을 수정한다.

코드	Count[jobNum]=Count[jobNum]+1
설명	해당 Job의 공정을 진행했으므로 다음공정 번호로 수정한다.

코드	Makespan=max(MachineMax.values())
설명	전체 공정의 완료시간은 설비 중에 가장 마지막에 끝나는 공정완료시간을 사용하면 된다.

Job_Sequence에 해를 입력하고 SolveModel 버튼을 누르면 makespan이 계산되어 셀에 표시된다.

3) 교배연산(crossover)의 구현

유전자알고리즘에서 중요한 동작이 crossover를 통한 해의 변형이다. 아래 그림처럼 임의 point 2개를 정해서 두 개의 부모를 교차해서 섞게 되는데, crossover를 하고 나서도 항상 Job 번호가 작업개수만큼 나와야 한다. 그렇지 않은 경우 repair(수정)를 해줘야 한다.

부모1: 1 / 2 2 3 3 / 3 2 1 1
부모2: 1 / 3 1 3 2 / 3 2 1 2

→

자식1: 1 / 3 1 3 2 / 3 2 1 1
자식2: 1 / 2 2 3 3 / 3 2 1 2

위 예에서 자식1에서는 Job1이 4번 나왔고 Job2는 2번만 나와서 해로서 적절치 않다. 자식2도 Job2가 4번 나왔고 Job1이 2번만 나와서 적절치 않다. 각 해에서 초과되는 것과 부족한 Job의 개수는 동일하므로 초과되는 Job번호를 부족한 Job번호로 바꿔주면 올바른 수정이 가능하다. 자식1에서 Job1이 4번 나왔으므로 왼쪽에 처음 나타난 1을 부족한 2로 수정한다. 마찬가지로 자식2에서는 왼쪽에 처음 나타난 2를 부족한 1로 수정한다.

자식1: 1 / 3 1 3 2 / 3 2 1 1 자식2: 1 / 2 2 3 3 / 3 2 1 2	→	자식1: 2 / 3 1 3 2 / 3 2 1 1 자식2: 1 / 1 2 3 3 / 3 2 1 2

이러한 수정작업을 Python 알고리즘으로 작성해 보자.

■ **준비작업**

① 해를 저장하는 Sol 정의

② 해에 표현된 Job의 개수를 저장하는 Count 준비, 초기값은 모두 0

③ 초과하는 job과 부족한 job 번호를 저장하는 Larger, Less 빈 배열 준비

■ **해에 나타난 Job 개수 계산**

① i = 1, 해의 길이는 N

② Job번호를 Sol[i]에서 가져온다.

③ Count[Job번호] 에 + 1을 한다.

④ i가 N이면 종료, 아니면 i를 + 1만큼 증가시키고 단계 ②로 간다.

■ **초과 Job번호와 부족 Job번호 수집**

① j = 1, 총 Job의 개수는 J, 총 작업(Op)의 개수는 O라고 하자.

② Count[j] 가 O보다 크면 j를 Larger에 (Count[j] − O)번 추가한다.

③ Count[j] 가 O보다 작으면 j를 Less에 (O − Count[j])번 추가한다.

④ j가 J이면 종료, 아니면 j를 1만큼 증가시키고 단계 ②로 간다.

■ **해 수정 알고리즘**

① k = 1, Larger배열의 개수를 K라고 한다.

② Job번호 A를 Larger[k]에서 하나 가져온다.

③ Job번호 B를 Less[k]에서 하나 가져온다.

④ 해를 저장한 Sol에서 A를 하나 찾아서 B로 바꾸어 준다.

⑤ k가 K이면 종료, 아니면 k를 +1 증가시키고 단계 ②로 간다.

해를 수정하는 Python 코드를 구현해 보자. 먼저 엑셀로 다음과 같은 데이터를 정의한다.

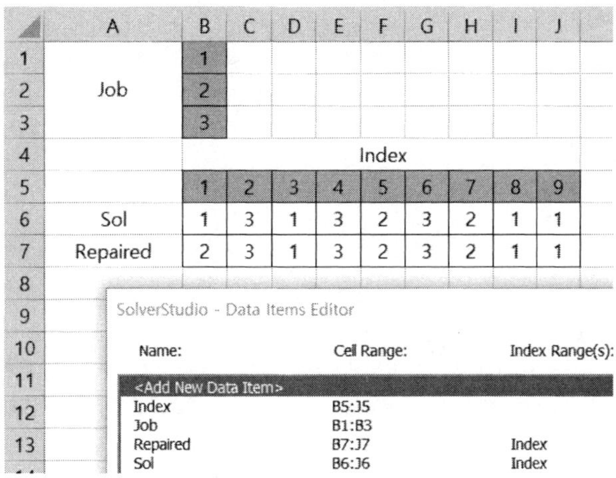

	A	B	C	D	E	F	G	H	I	J
1		1								
2	Job	2								
3		3								
4						Index				
5		1	2	3	4	5	6	7	8	9
6	Sol	1	3	1	3	2	3	2	1	1
7	Repaired	2	3	1	3	2	3	2	1	1

Python 코드는 다음과 같다. SolverStudio의 Language 메뉴에서 PuLP(IronPython)을 선택하고 아래 코드를 입력한다. 엑셀데이터에 바로 접근가능한 형태이다.

```
J=3
count={ j:0 for j in Job}
for i in Index:
   j=Sol[i]
   count[j]+=1

larger,less=[],[]
for j in Job:
    if(count[j]>J):
      for n in range(count[j]-J): larger.append(j)
    if(count[j]<J):
      for n in range(J-count[j]): less.append(j)
```

```
for i in Index:
    Repaired[i]=Sol[i]

for k in range(len(larger)):
    A=larger[k]
    B=less[k]
    for i in Index:
       if Repairedl[i]==A:
          Repaired[i]=B
          break
```

세부코드 설명은 다음과 같다.

<table>
<tr><td>코드</td><td><pre>J=3
count={ j:0 for j in Job}
for i in Index:
   j=Sol[i]
   count[j]+=1</pre></td></tr>
<tr><td>설명</td><td>전체 Job의 개수는 3으로 설정하고 해(Sol)의 i번째 Job번호에 해당하는 count변수를 (+1)씩 증가시켜 총 관측 횟수를 구한다.</td></tr>
</table>

<table>
<tr><td>코드</td><td><pre>larger,less=[],[]
for j in Job:
    if(count[j]>J):
      for n in range(count[j]-J): larger.append(j)
    if(count[j]<J):
      for n in range(J-count[j]): less.append(j)</pre></td></tr>
<tr><td>설명</td><td>count 배열에 j번째 Job번호가 횟수가 J보다 큰 경우 larger배열에 j를 채우고, 작은 경우 less 배열에 j를 채운다.</td></tr>
</table>

<table>
<tr><td>코드</td><td><pre>for i in Index:
    Repaired[i]=Sol[i]</pre></td></tr>
<tr><td>설명</td><td>일단 기존 해(Sol)을 수정된 해(Repaired)에 복사한다.</td></tr>
</table>

코드	<pre>for k in range(len(larger)):
	    A=larger[k]
	    B=less[k]
	    for i in Index:
	        if Repaired[i]==A:
	            Repaired[i]=B
	            break</pre>

설명	larger배열에서 Job번호(A)를 꺼내서 동일한 번호가 해에서 발견되면 부족한 Job번호(B)로 채워준다.

앞에서 JSSP를 유전자알고리즘으로 풀기 위한 주요한 절차를 소개하였다. 이제 실제 문제를 풀어보는 전체 알고리즘을 만들어 보도록 한다.

7.4 N(Jobs) & M(Machines) JSSP 응용

1) 입출력 데이터 정의

유전자 알고리즘을 이용하여 임의의 Job 개수와 Machine 개수의 문제를 최적화하는 모형을 만들기 위하여 아래와 같은 엑셀 데이터를 정의한다. 현재는 Job이 6개 Machine이 6개인 모델인데, 필요시 확장가능하다.

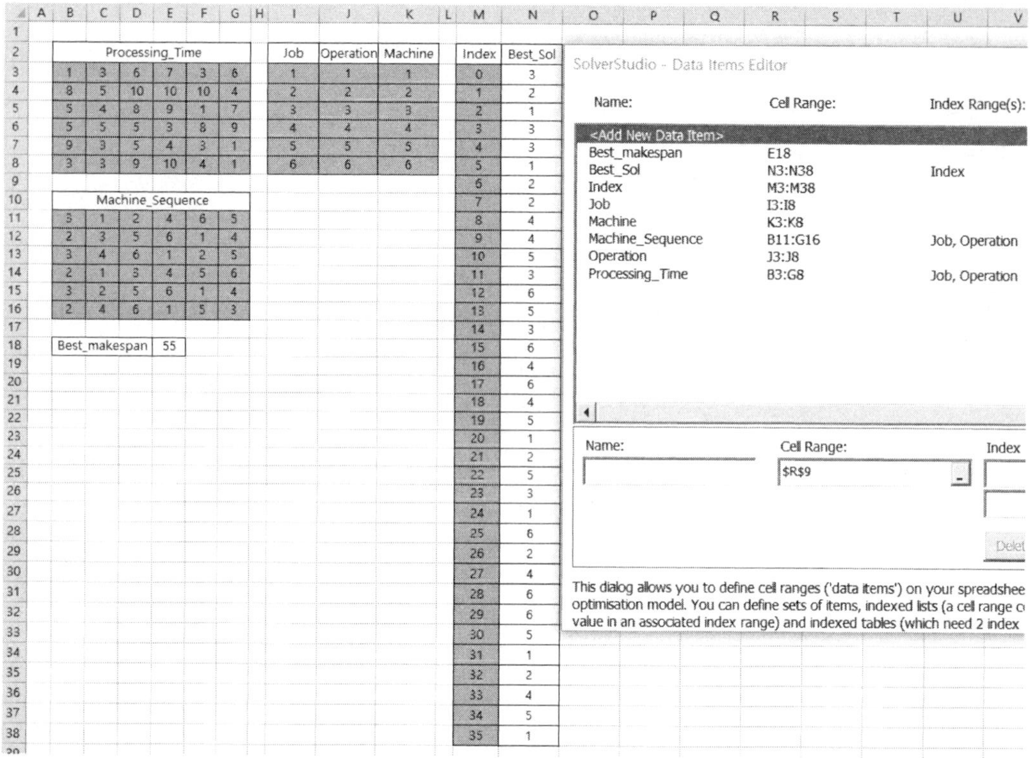

입력데이터 정의	
Job	제품(Job) 번호를 정의한다.
Operation	각 제품별 공정(Operation) 번호를 정의한다.
Machine	공정을 실제 진행하는 설비번호를 정의한다.
Processing_Time	행은 Job 번호이고 열은 Operation 번호이며 각각의 작업시간을 정의한다.
Machine_Sequence	행은 Job 번호이고 열은 Operation 번호이며 해당 Operation을 수행해야 하는 설비 번호를 정의한다.
Index	솔루션을 표현하기 위한 번호이다. Job개수 * Machine개수만큼 생성한다.

출력데이터 정의	
Best_makespan	최적의 작업완료시간을 표시한다.
Best_Sol	최적 공정할당 순서를 정의한다. Best_Sol 에서 표시된 Job번호 순서대로 각각 공정을 설비에 우선할당 한다.

2) 필요한 import 및 전역변수 선언

아래와 같은 import와 전역변수를 선언한다. SolverStudio의 Language 메뉴는 Python(external)을 선택하고 코드를 입력한다.

```
import numpy as np
import copy
import SolverStudio as ss

pop_size=100
num_iteration=400
crossover_rate=0.8
mutation_rate=0.2

num_job=len(ss.Job)
num_machine=len(ss.Machine)
num_gene=num_job*num_machine

maxInt=30
sum_fitness=0
Sol=dict()
New_Sol=dict()
scaled_fitness=dict()
```

세부코드 설명은 다음과 같다.

<table>
<tr><td>코드</td><td><pre>import numpy as np
import copy
import SolverStudio as ss</pre></td></tr>
<tr><td>설명</td><td>• numpy는 다차원배열 및 수치계산을 제공하는 Python 도구이다. 현재 코드에서는 난수발생을 위해 사용되었다.
• copy는 집합데이터를 완전 복사하는 기능을 제공한다.
• SolverStudio는 엑셀에서 정의한 데이터를 Python 내부에서 사용하기 위한 도구이다.</td></tr>
</table>

코드	pop_size=100 num_iteration=400 crossover_rate=0.8 mutation_rate=0.2
설명	• pop_size는 유전자 알고리즘을 구동하기 위한 해집합의 크기를 지정한다. • num_iteration은 유전자 알고리즘 탐색을 위한 세대 반복 개수를 지정한다. • 해의 교배 확률(crossover_rate)은 0.8, 돌연변이 확률(mutation_rate)은 0.2로 설정하였다.

코드	num_job=len(ss.Job) num_machine=len(ss.Machine) num_gene=num_job*num_machine
설명	• job의 개수는 엑셀에서 정의된 Job번호 리스트의 개수로 설정한다. • machine의 개수는 엑셀에서 정의된 Machine번호 리스트의 개수로 설정한다. • 유전자 알고리즘의 해의 길이는 job개수 * machine개수로 설정하였다.

코드	maxInt=30 sum_fitness=0 Sol=dict() New_Sol=dict() scaled_fitness=dict()
설명	• 실제 각 해의 만족도(fitness)는 0~30 사이의 실수로 스케일 변환되어 사용된다. 이때 사용되는 최대정수를 maxInt로 정의하였다. 해의 만족도는 전체작업완료시간으로 계산되어진다. 문제마다 maxInt를 적절히 조절하는 것이 필요할 수 있다. • sum_fitness는 전체 해집합의 만족도 합을 저장하는 변수이다. 만족도(fitness)는 스케일 변환하여 사용한다. • Sol은 해집합을 저장하는 Dictionary 변수이다. 인덱스는 해번호와 인덱스를 사용한다. • New_Sol은 진화과정을 통해 생성된 해집합을 저장하는 Dictionary 변수이다. • scaled_fitness는 해집합의 각 개체별 만족도를 저장하는 Dictionary 변수이다.

3) 전체 프로시저

전체 알고리즘은 아래와 같은 흐름으로 진행된다.

```
ss.Best_makespan=sum(ss.Processing_Time[j,o] \
      for j in ss.Job for o in ss.Operation)
InitializePop()
Fitness(0)
for iter in range(num_iteration):
    pcount=1
    while(pcount<pop_size):
       Make_offspring(pcount)
       pcount+=2

    for p in range(pop_size):
        for i in ss.Index:
            Sol[p,i]=copy.deepcopy(New_Sol[p,i])

    best_pop=Fitness(iter+1)

    local_best_sol=[]
    for i in ss.Index:
       local_best_sol.append(Sol[best_pop,i])
    makespan=Makespan(local_best_sol)

    if ss.Best_makespan > makespan:
      for i in ss.Index:
         ss.Best_Sol[i]=copy.deepcopy(Sol[best_pop,i])
      ss.Best_makespan=makespan
```

세부코드 설명은 다음과 같다.

코드	`ss.Best_makespan=sum(ss.Processing_Time[j,o] \` `for j in ss.Job for o in ss.Operation)`
설명	초기 makespan값은 모든 작업시간의 합으로 설정한다. makespan의 최대값이다.

코드	`InitializePop()` `Fitness(0)`
설명	• InitializePop()함수를 이용하여 랜덤하게 해집합을 생성한다. 해는 Sol 집합에 만들어진다. • Fitness(0)을 실행하여 각 해의 makespan을 계산하여 해의 만족도를 계산한다.

코드	for iter in range(num_iteration): [해집합의 진화생성 및 평가]
설명	num_iteration 만큼 해의 진화 생성 및 평가 프로시저를 반복한다.

코드	pcount=1
	while(pcount<pop_size):
	  Make_offspring(pcount)
	  pcount+=2

설명	pcount가 pop_size가 될때까지 새로운 해를 생성한다. 해는 2개씩 Make_offsprint() 함수를 이용하여 New_Sol 집합에 생성된다.

코드	for p in range(pop_size):
	  for i in ss.Index:
	    Sol[p,i]=copy.deepcopy(New_Sol[p,i])

설명	진화알고리즘으로 생성된 New_Sol 집합을 Sol 집합에 복사한다. 행번호(p)와 열번호(i) 위치 데이터를 완전하게 복사하기 위하여 deepcopy() 함수를 사용하였다.

코드	best_pop=Fitness(iter+1)
설명	Sol집합의 해만족도를 계산하고, 가장 좋은 만족도(가장 짧은 makespan을 가지는)해의 위치를 best_pop으로 받아온다.

코드	local_best_sol=[]
	for i in ss.Index:
	  local_best_sol.append(Sol[best_pop,i])
	  makespan=Makespan(local_best_sol)

설명	현재 해집합에서 최적의 해를 local_best_sol에 복사하고 작업완료시간을 계산한다.

코드	if ss.Best_makespan > makespan:
	  for i in ss.Index:
	    ss.Best_Sol[i]=copy.deepcopy(Sol[best_pop,i])
	  ss.Best_makespan=makespan

설명	이번 세대에서 발견된 최적해가 전체 최적해보다 좋은 경우(즉 makespan이 작은 경우), 전체 최적해에 복사하고, Best_makespan 도 업데이트한다.

4) 해집합 초기화 프로시저

유전자알고리즘에서는 초기에 해집합을 랜덤하게 초기화하여야 한다. 다음과 같은 InitializePop()이라는 함수에 정의한다.

```
def InitializePop():
    for p in range(pop_size):
        scaled_fitness[p]=0
        random_num=list(np.random.permutation(num_gene))
        for i in ss.Index:
            Sol[p,i]=(random_num[int(i)]%num_job)+1
            New_Sol[p,i]= Sol[p,i]
```

세부코드 설명은 다음과 같다.

코드	`for p in range(pop_size):`
	`    ...`
	`    for i in ss.Index:`
	`        ...`

설명	해집합은 2차배열 데이터인데, 행은 집합번호 p를 사용하고 열은 해의 비트 위치 i 를 사용한다. 중복 for문을 이용하여 해집합을 초기화한다.

코드	`scaled_fitness[p]=0`
설명	scaled_fitness는 해집합의 만족도를 저장하는 dictionary 형태변수이다. 인덱스는 집합번호 p를 사용한다. 처음에는 0으로 초기화된다.

코드	`random_num=list(np.random.permutation(num_gene))`
설명	num_gene은 32이고, np.random.permutation(32) 함수는 0~31 숫자를 랜덤하게 생성하여 random_num에 리스트형태로 저장한다.

코드	`Sol[p,i]=(random_num[int(i)]%num_job)+1`
설명	random_num 각 숫자를 6으로 나눈 나머지를 구하여 +1을 하면 해는 1~6의 숫자로 구성되는데, Job번호를 반복하여 설정하게 된다.

코드	New_Sol[p,i]= Sol[p,i]
설명	New_Sol는 비어있는 집합이므로 Sol 을 이용하여 New_Sol도 초기화한다.

5) 해 만족도(Fitness) 계산 프로시저

해의 만족도는 makespan이 작을수록 커져야 하므로 1/makespan로 계산하게 되면 1보다 작은 실수값이 되므로 최대값이 maxInt가 되도록 스케일을 변경한다. 스케일이 너무 작으면 확률적 선택이 효과가 낮아지므로 적절히 조정하는 것이 필요하다. 전체 프로시저는 다음과 같은 내용을 담고 있다.

① 해를 하나 가져온다.

② 해를 이용하여 makespan을 계산하고, 역수를 취해서 fitness를 계산한다.

③ fitness의 최대값, 최소값을 구한다.

④ 스케일 변화된 fitness 를 구하여 scaled_fitness 배열에 저장한다.

⑤ 해집합의 만족도 평균값을 구한다.

전체코드는 다음과 같다.

```
def Fitness(iter):
    maxFitness=0
    minFitness=maxInt
    avg_fitness=0.0
    best_p=1
    fitness={p:0.0 for p in range(pop_size)}
    for p in range(pop_size):
       temp_sol=[]
       for i in ss.Index:
           temp_sol.append(Sol[p,i])
       makespan=Makespan(temp_sol)
```

```
        fitness[p]=1/makespan
        if(fitness[p]<minFitness) :
            minFitness=fitness[p]
        if(fitness[p]>maxFitness) :
            maxFitness=fitness[p]
            best_p=p
    global sum_fitness
    sum_fitness=0
    for p in range(pop_size):
      if maxFitness > minFitness :
        scaled_fitness[p] \
          = int(maxInt*(fitness[p]-minFitness)/(maxFitness-minFitness))
      else:
        scaled_fitness[p]=maxInt
      sum_fitness+=scaled_fitness[p]
    avg_fitness=sum_fitness/pop_size
    print(iter,avg_fitness)
    return best_p
```

세부코드 설명은 다음과 같다.

코드	maxFitness=0 minFitness=maxInt avg_fitness=0.0 best_p=1
설명	각 세대의 만족도 최대, 최소를 초기화한다. 각 세대의 평균 만족도를 0으로 초기화한다. 최적해의 위치를 1로 초기화한다.

코드	fitness={p:0.0 for p in range(pop_size)}
설명	해집합의 만족도를 저장하는 fitness 배열을 0으로 초기화한다.

코드	`for p in range(pop_size):` `    # 해를 통한 만족도 계산과 최대, 최소값 구하기`

설명	각 해를 이용하여 작업완료시간(makespan)을 구하고 해만족도를 계산한다. 일단 아래 코드를 이용하여 1차원 해배열(temp_sol)을 생성한다.
	`temp_sol=[]`
	`for i in ss.Index:`
	`  temp_sol.append(Sol[p,i])`
	아래 코드처럼 Makespan() 함수를 이용하여 완료시간을 구하고 역수를 취하여 만족도를 계산한다.
	`makespan=Makespan(temp_sol)`
	`fitness[p]=1/makespan`
	아래 코드를 이용하여 해를 체크하여 최대, 최소값을 구하고, 최대인 해의 번호를 임시 저장한다.
	`if(fitness[p]<minFitness) :`
	`  minFitness=fitness[p]`
	`if(fitness[p]>maxFitness) :`
	`  maxFitness=fitness[p]`
	`  best_p=p`

코드	`for p in range(pop_size):`
	`    # 스케일 변환된 해의 만족도를 구한다.`
	`sum_fitness+=scaled_fitness[p]`

설명	스케일 변환된 만족도는 아래 공식을 이용하여 구한다.
	최대만족도정수값*(해의만족도 − 만족도최소값)/(만족도최대값 − 만족도최소값)
	사용된 코드는 다음과 같다.
	`if maxFitness > minFitness :`
	` scaled_fitness[p] ₩`
	`  = int(maxInt*(fitness[p]-minFitness)/(maxFitness-minFitness))`
	`else:`
	` scaled_fitness[p]=maxInt`
	스케일 변환된 만족도 총합은 sum_finess에 계산된다.

코드	avg_fitness=sum_fitness/pop_size print(iter,avg_fitness) return best_p
설명	만족도 평균을 구하고 프로그램 진행을 확인하기 위하여 현재 반복수와 평균만족도를 화면에 출력한다. 함수는 최적해 번호(best_p)를 반환한다.

6) Makespan(작업완료시간) 계산 프로시저

해를 이용하여 작업을 할당하고 전체작업완료시간을 구하는 Makespan()함수는 다음과 같이 구현한다.

```
def Makespan(sol):
    Count={ j:1 for j in ss.Job}
    JobMax={ j:1 for j in ss.Job}
    MachineMax={ m:1 for m in ss.Machine}

    for i in range(len(sol)):
      jobNum=sol[i]
      opNum=Count[jobNum]

      machineNum=ss.Machine_Sequence[jobNum,opNum]
      PT=ss.Processing_Time[jobNum,opNum]

      adj_max=max(JobMax[jobNum], MachineMax[machineNum])+PT
      JobMax[jobNum]=adj_max
      MachineMax[machineNum]=adj_max

      Count[jobNum]=Count[jobNum]+1

    makespan=max(MachineMax.values())-1
    return makespan
```

세부코드 설명은 다음과 같다.

코드	`Count={ j:1 for j in ss.Job}`
	`JobMax={ j:1 for j in ss.Job}`
	`MachineMax={ m:1 for m in ss.Machine}`

설명	프로시저를 위한 임시저장 변수를 생성한다. Count는 현재 Job의 공정번호를 저장하고, JobMax는 Job기준 마지막 완료시간을 저장하고, MachineMax는 Machine기준 마지막 완료시간을 저장한다.

코드	`for i in range(len(sol)):`
	    `# 작업종료시간 구하기 코드`
	`makespan=max(MachineMax.values())-1`
	`return makespan`

설명	해(sol)의 각 Job번호를 이용하여 작업할당을 진행하고 Machine별 작업종료시간을 계산한다. 최종 계산된 makespan는 Machine별 종료시간의 (최대값 +1)이다.

작업종료시간 구하기 코드에서는 다음과 같은 코드를 사용한다.

코드	`jobNum=sol[i]` `opNum=Count[jobNum]`
설명	해의 i위치에서 Job번호(jobNum)를 가져와서 현재 할당해야 할 공정번호(opNum)를 읽어온다.

코드	`machineNum=ss.Machine_Sequence[jobNum,opNum]` `PT=ss.Processing_Time[jobNum,opNum]`
설명	현재 Job의 설비번호(machineNum)과 공정작업시간(PT)을 읽어온다.

코드	`adj_max=max(JobMax[jobNum], MachineMax[machineNum])+PT`
	`JobMax[jobNum]=adj_max`
	`MachineMax[machineNum]=adj_max`

설명	Job의 마지막 완료시간과 Machine의 마지막 완료시간 중 최대값이 현재 시작 가능한 시간이므로 여기에 공정작업시간(PT)을 더하여 현재 완료시간(adj_max)를 구한다. Job및 Machine의 작업완료시간을 adj_max로 수정한다.

코드	Count[jobNum]=Count[jobNum]+1
설명	다음 공정을 할당하기 위하여 현재 Job의 공정진행횟수를 증가시킨다.

7) 새로운 해 생성(Make_offspring) 프로시저

기존 해의 만족도에 따라 선택하여 교배연산과 돌연변이 연산을 통해 새로운 해를 생성하는 프로시저이다. 한번 실행할 때 마다 2개의 새로운 해가 생성된다. 전체 코드는 다음과 같다.

```
def Make_offspring(p):
    sel1=selection()
    sel2=selection()
    if np.random.rand() < crossover_rate:
        c=np.random.choice(num_gene,2,replace=False)
        left=min(c)
        right=max(c)
        copy_index=ss.Index[0:left]+ss.Index[right:num_gene]
        cross_index=ss.Index[left:right]

        ## copy from parent's solution using crossover
        for i in copy_index:
            New_Sol[p,i]=copy.deepcopy(Sol[sel1,i])
            New_Sol[p+1,i]=copy.deepcopy(Sol[sel2,i])
        for i in cross_index:
            New_Sol[p,i]=copy.deepcopy(Sol[sel2,i])
            New_Sol[p+1,i]=copy.deepcopy(Sol[sel1,i])
    else:
        ## just copy from parent's solution without crossover
        for i in ss.Index:
            New_Sol[p,i]=copy.deepcopy(Sol[sel1,i])
            New_Sol[p+1,i]=copy.deepcopy(Sol[sel2,i])

    ## mutation
    if np.random.rand() < mutation_rate:
        ## generate random point
        c=np.random.randint(0,num_gene)
        c=ss.Index[c]
```

```
        ## generate random job
        j=np.random.randint(1,num_job+1)
        New_Sol[p,c]=j

    ## repair the infeasible solution
    repair(p)
    repair(p+1)
```

세부코드 설명은 다음과 같다.

코드	`sel1=selection()` `sel2=selection()`
설명	기존 해의 만족도에 비례하여 확률적인 선택으로 해번호 sel1과 sel2를 구한다. 확률적 선택은 selection() 함수에 구현되어 있다.

코드	`if np.random.rand() 〈 crossover_rate:`
	[교배연산으로 해 생성]
	`else:`
	[단순 복사로 해 생성]

설명	교배연산을 확률적으로 수행하기 위한 조건문이다. 난수값을 생성하여 설정된 교배확률보다 낮은 경우 교배를 진행하고, 아닌 경우 기존 해를 단순 복사하여 새로운 해를 생성한다.

교배연산 및 단순복사로 해를 생성하는 코드는 다음과 같은 내용을 포함한다.

코드	`c=np.random.choice(num_gene,2,replace=False)`
	`left=min(c)`
	`right=max(c)`
	`copy_index=ss.Index[0:left]+ss.Index[right:num_gene]`
	`cross_index=ss.Index[left:right]`

설명	교배할 구간값을 생성하는 코드이다. copy_index는 단순하게 복사할 영역을 정의하고, cross_index는 두 해를 서로 교차복사하기 위한 영역을 정의한다. ss.Index는 아래 그림처럼 엑셀에 정의된 위치번호(index)를 지칭한다.

코드	

Index	Best_Sol
0	3
1	2
2	4
3	1
4	3
31	1
32	5
33	6
34	2
35	5

코드

```
for i in copy_index:
    New_Sol[p,i]=copy.deepcopy(Sol[sel1,i])
    New_Sol[p+1,i]=copy.deepcopy(Sol[sel2,i])
for i in cross_index:
    New_Sol[p,i]=copy.deepcopy(Sol[sel2,i])
    New_Sol[p+1,i]=copy.deepcopy(Sol[sel1,i])
```

설명 교차복사를 통해 두 개의 해를 섞어서 새로운 해 2개를 생성하는 코드이다. copy_index 영역에서는 sel1, sel2를 복사하고, corss_index 영역에서는 sel2, sel1에서 복사를 하였다.

코드

```
for i in ss.Index:
    New_Sol[p,i]=copy.deepcopy(Sol[sel1,i])
    New_Sol[p+1,i]=copy.deepcopy(Sol[sel2,i])
```

설명 단순복사를 통해 새로운 해 2개를 생성하는 코드이다.

돌연변이 연산을 수행하는 코드 설명이다.

코드

```
if np.random.rand() < mutation_rate:
    ## generate random point
    c=np.random.randint(0,num_gene)
    mutation_index=ss.Index[c]

    ## generate random job
    j=np.random.randint(1,num_job+1)
    New_Sol[p,mutation_index]=j
```

설명	돌연변이 연산을 수행하는 코드이다. 돌연변이는 확률적으로 수행한다. 먼저 돌연변이할 위치 mutation_index를 랜덤하게 만들고, 해당 위치에 입력할 job번호 j도 랜덤하게 만들어 p번째 해의 돌연변이 위치의 job번호값을 변경한다.

코드	`repair(p)` `repair(p+1)`
설명	생성된 해가 규칙이 어긋나는 경우가 생기므로 p번째 해와 (p + 1)번째 해를 수정한다.

8) 해수정(repair) 프로시저

새로운 해를 생성하고 동일한 제품번호가 설비번호보다 많은 경우는 잘못된 해이므로 수정해주어야 한다. 아래코드처럼 각 제품번호의 발생횟수를 카운트하고 초과되는 경우와 미달되는 경우를 찾아 교환해주는 작업을 수행한다. 전체 코드는 다음과 같다.

```
def repair(p):
    count={ j:0 for j in ss.Job}
    for i in ss.Index:
       j=New_Sol[p,i]
       count[j]+=1

    larger,less=[],[]
    for j in ss.Job:
        #print(count[j])
        if(count[j]>num_machine):
          for n in range(count[j]-num_machine): larger.append(j)
        if(count[j]<num_machine):
          for n in range(num_machine-count[j]): less.append(j)

    for k in range(len(larger)):
        larger_job=larger[k]
        less_job=less[k]
        for i in ss.Index:
           if New_Sol[p,i]==larger_job:
             New_Sol[p,i]=less_job
             break
```

세부코드 설명은 다음과 같다.

<table>
<tr><td>코드</td><td><pre>count={ j:0 for j in ss.Job}</pre></td></tr>
<tr><td>설명</td><td>모든 Job번호별로 카운트 배열을 만든다. 초기값은 0이다.</td></tr>
</table>

<table>
<tr><td>코드</td><td><pre>for i in ss.Index:
  j=New_Sol[p,i]
  count[j]+=1</pre></td></tr>
<tr><td>설명</td><td>p번째 새로운 해에서 i번째 Job번호(j)를 가져오고, j Job의 카운트변수를 1씩 증가시킨다.</td></tr>
</table>

<table>
<tr><td>코드</td><td><pre>larger,less=[],[]</pre></td></tr>
<tr><td>설명</td><td>초과되는 job번호를 저장하는 larger배열, 미달되는 job번호를 저장하는 less배열을 만든다.</td></tr>
</table>

<table>
<tr><td>코드</td><td><pre>if(count[j]>num_machine):
   for n in range(count[j]-num_machine): larger.append(j)</pre></td></tr>
<tr><td>설명</td><td>j번째 Job번호가 설비개수를 초과하는 경우, 초과되는 개수만큼 Job번호를 larger배열에 추가한다.</td></tr>
</table>

<table>
<tr><td>코드</td><td><pre>if(count[j]<num_machine):
   for n in range(num_machine-count[j]): less.append(j)</pre></td></tr>
<tr><td>설명</td><td>j번째 Job번호가 설비개수보다 작은 경우, 미달되는 개수만큼 Job번호를 less배열에 추가한다.</td></tr>
</table>

<table>
<tr><td>코드</td><td><pre>for k in range(len(larger)):
   larger_job=larger[k]
   less_job=less[k]
   for i in ss.Index:
      if New_Sol[p,i]==larger_job:
        New_Sol[p,i]=less_job
        break</pre></td></tr>
<tr><td>설명</td><td>초과(lager) job 배열 기준으로 하나씩 해위치를 찾아서 미달(less) job 번호로 교체해준다.</td></tr>
</table>

9) 실행결과 확인

예제에서 사용된 문제는 https://github.com/tamy0612/JSPLIB 사이트에서 제공한 “ft01” 문제이다. 6개의 job에서 수행하는 6개의 작업을 6개의 설비에서 수행하는 문제이다. 사이트에서 제시한 최적 작업완료시간은 55이다.

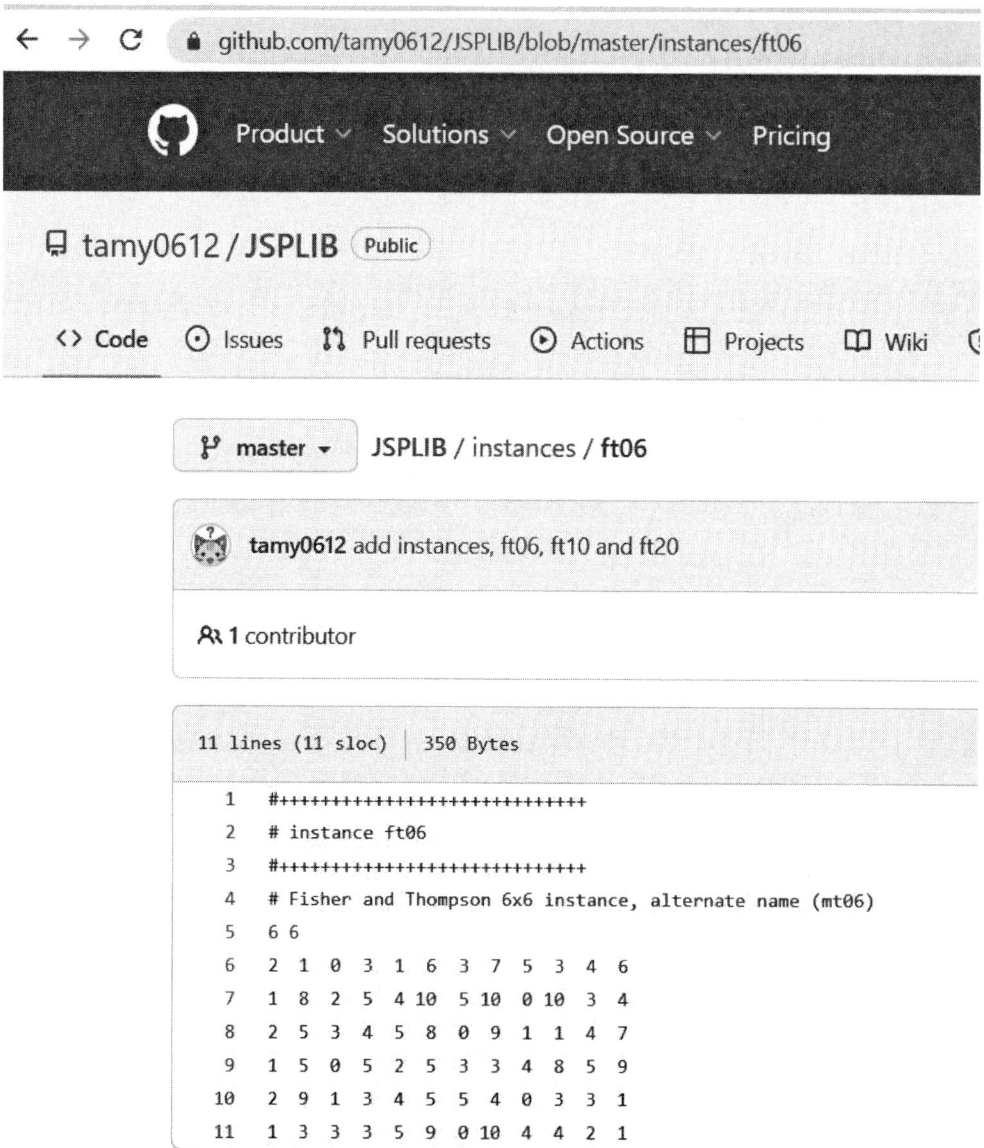

github.com/tamy0612/JSPLIB/blob/master/instances.json

```
    },
    {
      "name" : "ft06",
      "jobs" : 6,
      "machines" : 6,
      "optimum" : 55,
      "path" : "instances/ft06"
    },
```

위 코드의 실행결과 모습은 다음과 같다. 반복 실행 회수(num_iteration)은 400으로 설정하였다. 총 36개의 작업을 수행하는데 총 56시간으로 솔루션이 나왔고, 사이트에서 제시한 최소값 55에 근사한 해인 56이 구해졌다.

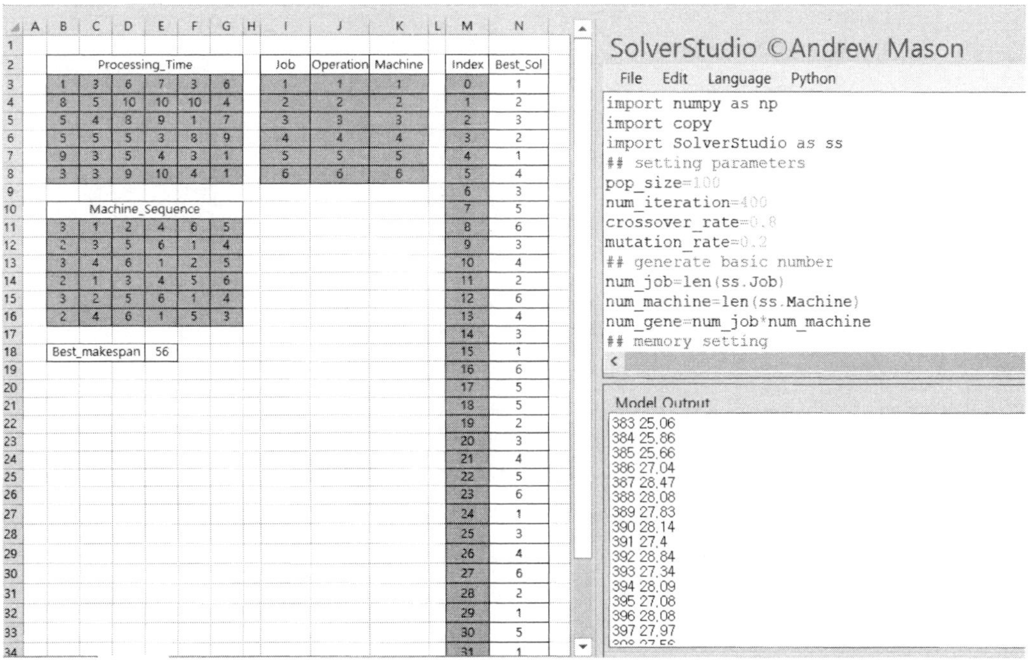

실행결과에서 출력되는 평균만족도의 변화를 그래프로 표현하면 다음과 같다. 반복횟수 150에서 거의 해에 수렴되는 것을 볼 수 있다. job 개수가 6이고 설비 개수가 6인 문제에서는 반복수 150번 정도이면 거의 최적해를 찾을 수 있다고 볼 수 있다.

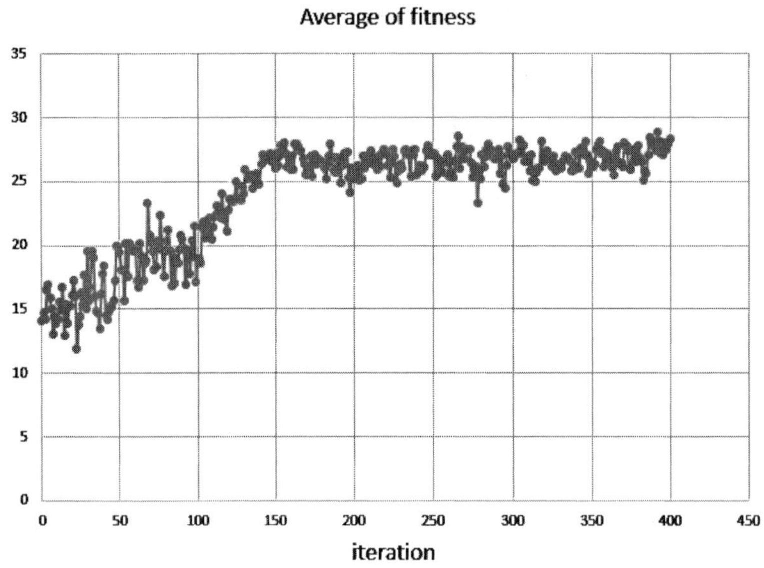
Average of fitness
35
30
25
20
15
10
5
0
0
50
100
150
200
250
300
350
400
450
iteration